JN157468

非－場所

非-場所

スーパーモダニティの人類学に向けて

マルク・オジェ
中川真知子訳

水声社

本書は
《人類学の転回》叢書の一冊として
刊行された。

目次

プロローグ

車を出す前に、ピエール・デュポンはＡＴＭで少し現金をおろすことにした。機械はデュポンのカードを受けつけると、一八〇〇フラン〔およそ二七四ユーロ〕の引き出しを認めた。ピエール・デュポンは「１８００」のボタンを押した。しばらくお待ちくださいと機械は告げ、それからぴったりの額を出すと、カードをとるよう念押しする。デュポンが財布に紙幣をしまう間に、機械は「ご利用ありがとうございました」としめくくった。

道のりは順調だった。日曜の朝なら、問題なく高速Ａ11号線〔パリ・ナント間を結ぶ高速道路〕を使ってパリに出られる。高速の入り口で待たされることもなく、ドゥルダン料金所[1]ではデビットカードで支払いをすませ、環状道路にのってパリを迂回すると、A1号線〔パリ－リール間を結ぶ高速道路。シャルル・ド・ゴール国際空港を経由する〕を通りロワシー〔シャルル・ド・ゴール国際空港の所在地であり、空港の別称〕にたどり着いた。

デュポンは地下二階（Jブロック）に駐車し、駐車券を財布に滑り込ませると、エールフランスのチェックイン・カウンターへと急いだ。スーツケース（きっかり二〇キログラム）を厄介払いすれば身も心も軽く、グランド・ホステスに航空券を差し出しながら、通路側の喫煙席(2)がとれないかと尋ねた。係員は無言でほほえみつつコンピュータ上で確認をすませると、うなずいてデュポンに航空券と搭乗券を渡し説明を加えた。「ご搭乗はサテライトBで、一八時になります」。

デュポンは早めに出国審査に赴いた。免税店《デューティーフリー》でちょっとした買い物をするためだ。コニャックを一本（アジアの顧客へのフランス土産）と葉巻を一箱（自分で喫む用）買った。慎重に領収書をカードと一緒に財布にしまう。

束の間デュポンは豪奢なウィンドウ——宝石、洋服、香水——に目をやると、本屋に立ち寄り、雑誌を二、三冊ぱらぱらとめくってから、気楽な本——旅、冒険、スパイもの——を選び、そしてまたサテライトをのんびりそぞろ歩く。

デュポンは解放感を味わっていた。それは、荷物を始末したことからうまれるものでもあるが、「おとしまえをつけ」て、搭乗券を懐にし身元も登録した今、もう次の展開を待つだけでよいのだという内なる確信からくるものでもある。「さあ、これからはロワシーと俺の一騎打ちだぞ[3]」。何千という旅路のそれぞれが、お互いにそれと知らぬまま交錯する、人であふれかえったこの場所にこそ、今日えもいわれぬ魅力の何ほどかが残っているのではないかと思う。人の往来した痕跡が消えていく空き地、荒れ地、そして工事現場の魅力、駅のホームや待合室の魅力、冒険がまだありえるのだと、「何かが起こる」のを待ちさえすればよいのだと、わずかの間に感じることができる、あらゆる偶然と出会いの場の魅力。

搭乗はつつがなく行われた。チケットにＺの文字が記載された乗客は最後に搭乗するようにと案内され、デュポンは、ややもするとＸとＹの乗客が意味もなく搭乗ゲートにつめかけるのを目撃して、何とはなしに楽しんだ。

離陸までの間、新聞が配られるのを待ちながら、デュポンはエールフランスの機内誌をぱらぱらめくり、たどるかもしれない航路を指でなぞりながら想像した。イラクリオン、ラルナカ、ベイルート、ダーラン、ドバイ、ボンベイ〔現ムンバイ〕、バンコク――九〇〇〇キロを超える距離を瞬く間に飛行する。いくつかの名前はニュースでお馴染みのものだった。

そして免税品の料金表（duty-free price list）をのぞき、長距離飛行便ではクレジットカードが使えることを確かめ、会社が賢くも気まえよく乗せてくれたビジネスクラスの特典を読んで悦にいる（シャルル・ド・ゴール空港ターミナル2と、ニューヨーク空港ではサロン「ザ・クラブ」で身体をのばしたり、電話をしたり、ファックスを送ったり、はたまたミニテル[4]を使ったりできる。客の一人ひとりにあわせたもてなしを受け、たえず気を配ってもらえるのみならず、長距離飛行便にそなわった新しい座席エスパス2000はより広くなり、背もたれとヘッドレストが別々に調節できると分かった）。自分が座っているエスパス2000のコントロール・パネル画面にわずかに注意をはらうや、雑誌の広告にまた心を奪われ、最新型ツーリングカーの流線型ボディや、「文明をとりまく場所」として、やや大げさに紹介される国際チェーンの大規模ホテル（マラケシュの「以前は宮殿《パレ》だった超高級ホテル《パラス》」ラ・マムーニアや、ブリュッセルの「壮麗な一九世紀がいまもかわらず息づく」メトロポール）の写真に感嘆した。そのうち座席と同じ名前がついた車の広告に出くわす。ルノーの〈エスパス〉だ。「ある日、空間《エスパス》が欲しくなる……前ぶれもなく欲しくなる。そうしたら、もう頭からはなれない。自分だけの空間が、遠くへ連れていってくれる移動空間が、どうしても欲しい。そうすればすべてを手にし、満たされるだろう」。とどのつまり、飛行機のなかと同じということか。「もうその空間《エスパス》はあなたの内にある……〈エスパス〉のなかほど心地よいところは地上にかつてなかった」と広告は言葉遊びで終わる。

⁂

すでに離陸は始まっていた。スピードをはやめて雑誌の続きをくり、「河の王者カバ」にまつわる、のっけから「伝説のゆりかご」「呪術と魔力の大陸」アフリカを描きだす記事を束の間ながめ、ボローニャに関するルポ（「どこでも恋はできるけれど、ボローニャで人は街に恋する」）に目を通した。英語で書かれた日本の「ビデオカメラ」の広告に（「あざやかな色、ひびきわたる音、流れる動き。永遠にあなたのものに」）、その鮮やかな色彩に惹かれて一瞬目をとめた。昼寝時の高速のうえでラジオを聴いて以来、トレネ〔一九一三〜二〇〇一年。フランスの歌手・作曲家。世界的ヒット曲を持つ〕の歌の一節がデュポンの頭のなかで繰り返し流れるのだが、トレネの歌う「写真、ぼくの青春の古い写真」は、これからの世代の人たちには、もうそのうちに意味が分からなくなるのだろうと思った。現在の色を永遠にとどめる。冷凍庫みたいなカメラじゃないか。最後にビザカードの広告を見てデュポンはほっとした（「ドバイでも、旅先のどこでも使えます。ビザカードと一緒に安心の旅を」）。

書評にぼんやり目をやると、職業上の関心から、『ユーロ・マーケティング』というタイトルの著作を紹介した記事を少し読んだ。「需要の均一化および消費行動の均一化は、企業をめぐる新しい国際的環境を特徴づける重大な傾向である……本書はグローバリゼーションという現象が、ヨーロッパ企業に何をもたらすのか、ヨーロッパにおけるマーケティングの有効性とその中身にどのような影響を与えるのか、そして国際マーケティング情勢で予測される展開にいかに関わるのかを調査したうえで、数多くの問題を論じる」。書評は「あたう限り標準化されたマーケティング・ミックス〔様々な手法を組み合わせて戦略をたてること〕の展開に適した条件」と「ヨーロッパにおけるコミュニケーション体系」に触れて終わっていた。

ちょっぴり夢見心地で、ピエール・デュポンは機内誌をもどした。シートベルト着用のサイン« Fasten seat belt »はすでに消えていた。イヤフォンをあわせ、5チャンネルをつけると、ヨーゼフ・ハイドンの協奏曲第一番ハ長調アダージョのあふれる流れに身をゆだねた。何時間かの間（地中海、アラビア海そしてベンガル湾を飛びこえる間）、デュポンはようやくひとりきりになる。

身近な場所とよその場所

身の回りを対象とした人類学について語られる機会がますます増えている。一九八七年に民俗風習博物館[1]で開催されたシンポジウム（「フランスをめぐる社会人類学と民族学」）は、『他者と同類[2]』というタイトルの論集として一九八九年に出版されたが、「よそ」を研究する民族学者[3]の関心と「ここ」を研究する民族学者のそれとが一致することを示すものだった。シンポジウムも論集も、一九八二年にトゥールーズで行われたシンポジウム（「フランスの民族学における新しい道」）や、その他の著作、雑誌の特集号が口火をきった一連の考察を受けつぐ立場を鮮明にしている。

とはいえ、新しい関心や新しい研究分野がいくつもうまれ、しかもその方向性が同じだと確認できたとしても、ままあることだが、そもそもが誤解を含んでいたり、あるいはその認識自体が誤解をひき起こさないとも限らない。そこで身の回りの人類学について考察をはじめる前に、何点か説明しておくことは、議論を明確なものとするうえで役に立つだろう。

人類学はいつの時代も「いま・ここ」についての人類学だった。現役の民族学者とは、ある場所に（その時の研究者にとっての「ここ」に）身をおき、その時に観察したこと、耳にしたことを記述する者のことだ。したがって民族学者の観察の質について、またその意図や偏見について、あるいは民族学者の記録を制約する他のファクターについて、後から疑問を呈することは可能だ。それでもなお、いかなる人類学であれ、現に起こっている出来事の証人を前提にするという事実に変わりはない。理論人類学者は自分の研究分野とは別の証言や別のフィールドを参照するとき、解釈が必要となる間接的なソースを使うのではなく、民族学者の証言を用いる。私たちは誰しも時として「安楽椅子探偵」ならぬ「安楽椅子人類学者」であるのだが、その場合ですら史料を探索する歴史家とは異なるのだ。マードック〔一八九七〜一九八五年。アメリカの人類学者〕の「ファイル〔イェール大学においてマードックが考案し現在も集積され続けているデータファイル・HRAF〕」に探す事実は、出来具合にばらつきはあるが、項目別（婚姻規則、親子関係規則、相続規則）に観察された事実であり、その項目は「裏の意味では」人類学のそれでもある。現地調査から遠ざかるものはみな人類学からも遠ざかることになるし、歴史家が人類学的な関心を抱いたからといって、人類学を研究するわけではない。「歴史人類学」という表現はとかく曖昧なものだ。「人類学的歴史」という表現の方がふさわしいように思われる。逆の立場からみれば、人類学者が、たとえばアフリカの専門家が、特に口頭伝承にとどめられたままの歴史に頼らざるをえないのは、それと対をなす例かもしれない。アフリカで一人の老人が死ぬことは「ひとつの図書館が焼ける」のと同じことだというアマドゥ・ハンパテ・バー〔一九〇〇／一九〇一〜一九九〇年。マリの作家・歴史家〕の言葉は誰もが知っている。しかしインフォーマントとは、年をとっていようがいまいが、研究者と語り合い、過去について語るというよりは、過去について自分が知っていること、自分が思うところを述べる者である。自ら物語る出来事と、インフォーマントは同じ時代を生きたわけではないのだが、一方、民族学者はその語りと語り手と同じ時代を生きている。インフォーマントの言葉がもつ価値は、過去と等しく現在にも通じる。しかし歴史的関心をもっていたり、あるいはもたざるをえないからといって、人類学者は厳密にいって歴史家ではない。以上の考察の狙いは、手順と対象とを明確にするという一点にある。カルロ・ギンズブルグ〔一九三九年〜。イタリアの歴史家。ミクロヒストリーの代表的研究者〕、ジャック・ル・ゴフ〔一九二四〜二〇一四年。フランスの歴史家。現代のアナール学派を代表する中世史研究者〕、エマニュエル・ル・ロワ・ラデュリ〔一九二九年〜。フランスの歴史家〕といった歴史家の仕事が、人類学者にとってこのうえなく意義のあるものであることについては言をまたないのだが、しかし、やはりそれは歴史家の仕事なのである。歴史家が扱うのは過去であり、用いるのは史料の調査なのだ。

「いま」についてはこんなところだろう。次は、「ここ」について考えてみよう。ヨーロッパの、西欧にとっての「ここ」とは確かに、イギリスとフランスにおける人類学が重用する、かつての「植民地」であり今日の「後進国」である、遠くの「よそ」と比較してはじめて意味をなす。しかし、「ここ」と「よそ」との対立（ヨーロッパとその他の世界という大仰な分割の仕方は、イギリスがサッカーの王者であった時代に開催した大会を思わせる――イギリス対その他の世界）は、正確に問題をふまえてこそ、二つの人類学を対比する手がかりになる。つまり、二つの人類学がそれぞれ別個のものであるということだ。

民族学者は、遠方の調査地を閉ざされたがゆえにヨーロッパにひきこもりがちだといわれるが、そのような主張には異論の余地がある。第一に、アフリカ、アメリカ大陸、アジアなどにおける研究は、いまもなお現実に可能である。第二に、人類学においてヨーロッパを研究する理由は、積極的なものだ。決して他の選択肢がないゆえに対象が決まる人類学ではないのである。そして、なぜあえてヨーロッパを選ぶのかを調べれば、ヨーロッパを対象とする人類学に与えられた定義のうち、最も現代的なものの根底にある、「ヨーロッパ／よそ」という対立に、まさに疑問を呈することができるのだ。

　身近な場所の民族学にまつわる問題の背後には、二つの問いが実にくっきり浮かびあがる。一つ目は、ヨーロッパを対象とした民族学が、遠方の社会を対象とした民族学と同じくらい洗練され、複合的で、概念化されていると、現時点でいえるのかという問いである。この問いに対する答えは、少なくともヨーロッパ民族学者の側からすれば、将来も視野にいれたうえで、大体においてイエスである。たとえばマルティーヌ・セガレン〔一九四〇年～。フランスの人類学者・社会学者〕は先の論集において、ヨーロッパの同じ地域において親族をテーマに研究した民族学者が二人いれば、いまや「アフリカのどこそこの民族の専門家たちのように」議論することが可能だとその喜びを隠せないほどだし、アンソニー・P・コーエン〔一九四六年～。イギリスの社会人類学者〕が強調するところによれば、ロビン・フォックス〔一九三四年～。イギリスの人類学者〕がトーリー島で行った研究と、マリリン・ストラザーン

〔一九四一年〜。イギリスの人類学者〕がエルムドンで行った研究とは、両者とも親族を対象にしており、「私たちの」社会のなかで親族が果たす中心的な役割や、親族が実現可能にする戦略を明らかにする。その一方で、現代イギリスのような国において共存する文化の複数性も教えてくれるのだ。

このように考えていくと、第一の問いには実のところ困惑してしまう。つきつめればヨーロッパ社会を記号化する力が不十分であるとか、ヨーロッパ民族学者にこの問題を分析する適性が充分にないのではないかなどと、自問しなければならないのだろう。

第二の問いの射程はこれとはまったく異なるものだ。それは現代世界の出来事や体制、（仕事・娯楽・住居による）集合のあり方、特殊な循環のあり方に、人類学的な視線が必要なのかを問うものである。この問いが向けられるのは、そもそも、ヨーロッパに対してだけではない。たとえばアフリカを多少なりとも経験した者なら、たとえそれが「伝統的なもの」と「近代的なもの」とに分割できなくとも、生の現実がもたらす山のような要素が影響し合っていることを、そのアプローチは違っているにしても人類学は考慮せねばならないと心得ている。一方で、社会生活（サラリーマン生活、企業、観戦型スポーツ、メディア……）を把握するためには、さまざまな制度・形式を媒介せねばならず、それらすべてが、どの大陸でも日に日に重要度を増していることも同様に事実である。さらに、第二の問題は第一の問題を完全にずらしてしまう。つまりそのつど新しい現代性には、このうえなく強烈で、混乱をもたらす面があることを考えると、問題なのはヨーロッパではなく、同時代性そのものなのだ。

したがって、方法の問題と対象の問題とを混同しないことが肝要である。私たちの調査方法によって、操作しうる観察対象をわずかでもとりだすことができさえすれば、現代世界は民族学的観察に適しているといわれてきた（レヴィ＝ストロースも何度もいっている）。またジェラール・アルタブ〔一九三二～二〇〇四年。フランスの人類学者。都市人類学の先駆け〕は、サン・ドニの団地やナント近郊における階段やその踊り場における交流に重要性を見いだした（やがて政治家にまつわる考察に道を拓くことになろうとは、当時は本人も知らなかったかもしれない）。

民族学が行う調査には制約があり、それが同時に強みともなること、民族学者にはこれから出会い、自分を認知してもらう集団の範囲を、ある程度画定することが求められること、これらは現地調査をする者には自明の理である。しかしながら、この理は多面的なものだ。方法の問題や対話者と実際に接触する必要性が一方にある。しかし、選定した集団をどの程度にモデルとなしうるのかというのはまた別の話だ。つまり私たちが話しかけ接する人たちが、私たちが話しかけず接することのない人たちについて、何を語るのかを知らなくてはならないということだ。現場にいる民族学者の仕事は、はじめから社会問題の測量士、測定器の取扱者、スケールを小さくした比較研究学者の仕事なのだ。必要とあれば迅速に調査を行い、媒介となる世界を探索するか、または歴史家として利用できる史料にあたり、民族学者は意味のある世界をこしらえる。自らが話しかけた人々について語るとき、誰のことを語っていると主張しうるのかを、民族学者は自分のために、また他人のために知ろうと努めるのだ。この現実に経験する対象の問題、モデルの問題が、アフリカの大王国とパリ郊外の企業とでは、問われ方が異なるなどということはできない。

ここで二つの指摘ができる。一つ目は歴史に、二つ目は人類学にかかわることだ。いずれの指摘も民族学者の心構えに向けられている。民族学者は研究において経験的対象を位置づけ、その対象が性質の点でどの程度モデルになりうるのかを評価しようとする。なぜならそこで問題となるのは、厳密にいえば統計のうえで典型となるサンプルを選ぶことではなく、ある一族にあてはまることが他の一族にも、ある村や他の村々にもあてはまるのかどうかを明らかにすることだからだ。「部族」や「民族」などの概念の定義にまつわる問題は、この観点から位置づけられる。この心構えをみる限り、民族学者はミクロヒストリー〔ミクロストリア。限定された研究対象から歴史を描くことを目指す学派〕の歴史家と近いともいえるし、別物であるともいえる。むしろ（民族学の方がミクロヒストリーよりも先にあったことを尊重して）、ミクロヒストリーの歴史家が、民族学者の心がけに行きついたといっておこう。彼らもまた、分析する個々のケースのモデル性（たとえば一六世紀におけるフリウリのある粉挽屋の生活）を自ら問わねばならなくなる時があるのだ。しかし歴史家がこのモデル性を保証するために、「痕跡」や「しるし」あるいは「典型的例外」といった概念を使わざるをえないのに対し、現場の民族学者には、最初に観察できると思ったものが変わらずに有効なのかどうかを確かめるべく調査をさらに進める手段を、良心さえあればいつでも手にすることができる。これは、現在を研究するアドバンテージ——続きが分かっているという歴史家の本質的なアドバンテージに対するささやかな埋め合わせなのだ。

第二の指摘は人類学の対象に関するものであるが、ただし今度は知的対象であり、いうなれば民族学者の一般化する能力に関するものだ。かくかくしかじかの村の半族〔二つの氏族から構成される組織における一方の単位のこと〕の精密な調査や、とある民族におけるいくつかの神話の採集と、「親族の基本構造」や「神話論理」といった理論の構築との間には、いうまでもなく大きな一歩が必要となる。ここで問われているのは構造主義だけではない。人類学の大がかりな手法はどれも、どれほど小さく見積もっても、ある程度まで一般的な仮説を練りあげることを目指しており、なるほどその仮説の手がかりとなるアイデアこそ個々のケースに見いだされるものかもしれないが、他方で魔術の理論、婚姻連合の理論、生産力や生産関係の理論といった、個々のケースを大幅に超える問題を設定するものでもあった。

　ここではその有効性については論ぜずに、このように一般化する努力が民族学の文献に占める構成要素としての存在感の大きさに鑑みれば、エキゾチックではない社会においてその規模を根拠としても、それは調査の特殊な一面にしか、つまり方法にしか通用せず、対象には関係がないということに気づかされる。経験的対象にも、いわんや、一般化だけでなく比較をも前提とする知的・理論的対象にも関わりがないのだ。

　方法の問題を対象の問題と混同してはならない。そもそも人類学の目指すところが、たとえば村の一部分や村全体の網羅的な叙述であったためしはなかった。人類学というジャンルで単著が書かれたときは、いまだ完成をみない目録にひとつの貢献をするという体をとったものだったとし、少なくとも経験的なレベルでは、度合いこそ違え、調査に基づいてひとつの民族集団全体をその一般性において描き起こそうとしていた。身近な場所の同時代性について、最初に問題となるのは、ある企業やリゾートホテルを全面的に調査できるか否かを、またはその方法を知ることではない。大切なのは親族、婚姻、贈与、交換などといった問題が（経験的対象として）まずいやおうなく「よそ」を研究する人類学者の関心をひき、ついで（知的対象として）考察を喚び起こしたのと同じように、現代の社会生活において、人類学的研究の範疇にあたると思われる側面があるかどうかを知ることなのだ。ここで方法的関心（確かにその正当性を疑うことはできない）に対して喚起しておくべきなのが、対象の前提条件とでも呼べるものだ。同時代の身近な場所を研究する人類学の正当性については、この対象の前提条件が疑われるのかもしれない。マルティーヌ・セガレンが『他者と同類』のイントロダクションに引用した一節なのだが、ルイ・デュモン〔一九一一～一九九八年。フランスの人類学者。マルセル・モースの弟子〕は自著『タラスク』(4)再版の序文で、「興味の中心がずれていくこと」、そして「問題系」の変化（本書でいうところの経験的対象と知的対象の変化）によって、私たちの学問は知識を単に集積するだけではすまなくなり、「やがて学問の一貫性が蝕まれるところまでいくかもしれない」という点に注意を促す。興味の中心が変化した例として、デュモンが具体的に言及するのが、民俗伝統の研究とは反対の、

「たとえば産業・工芸のような分類とは異なり、もはや近代と非‐近代とを明白に分けることをしない、フランスの社会生活に関する広汎で細分化されたデータ収集[5]」だ。

学問の一貫性がどのようなものであれ、対象の一貫性によってはかられるものだとは私には思えない。生命科学の分野にあてはめてみると、そのような主張は俄然疑わしくなる。そもそも生命科学はデュモンが先の引用でほのめかしていた意味で、集積的ではないと思われる。研究が達成されたときにこそ、まさに新しい対象が現われるのだ。デュモンの主張が、生活社会科学について考える際に、ますます信憑性に欠けるのは、集団の様式や階層の序列が変化し、そして関心を寄せる研究者に新しい対象が提供されたとしても、対象となるのは変わらず社会生活そのものであり続けるからだ。社会科学においても、生命科学においても、新しく発見された対象は、それまでの研究対象を排除するのではなく、より豊かにするのである。とはいうものの、ルイ・デュモンが抱く懸念は、まさに「いま・ここ」を対象とする人類学にうちこむ人々の間にも影響がないわけではない。ジェラール・アルタブ、ジャック・シェロノー〔一九四九年〜。フランスの民族学者〕、ベアトリクス・ル・ウィタ〔一九五三?〜二〇一〇年。フランスの民族学者〕は、『他者と同類』において同様の懸念を表明し、「ブルターニュに暮らす人々の関心事は、家系よりもクレディ・アグリコル銀行（農林中央金庫）からの借金である（……）」と冗談めかして指摘する。しかし、この表明の背後にまたも浮かびあがるのが、対象の問題だ。ブルターニュの人たちの家系を、当の本人たちより人類学が大切にせねばならないいわれはないのだから（ブルターニュ人が家系を本当に軽視しているとは思われないが）。同時代の身近な場所を対象とした人類学が、分類済みのカテゴリーだけを使って研究しなければならないとすれば、あるいは新しい対象をうちたてはならないのだとしたら、新しく経験する土地を対象とすることは、必要を満たすというより、好奇心を満たすだけということになってしまうだろう。

***

以上の前提をふまえると、人類学が行う研究とは何かという、明確な定義が必要になる。以下、二つの事実を確認しながら、定義を試みよう。

第一に確認するのは、人類学の行う研究についてである。人類学における研究は、他者という問題を現在形で扱う。この他者というテーマは、場合に応じてつきあたるというものではなく、人類学研究の唯一の知的対象なのであり、このテーマによって、さまざまな調査分野を定義することが可能になるのだ。他者という問題を現在形で扱うということ、それだけで人類学と歴史とを十全に区別できる。また他者を複数の意味で同時に扱うという点では、他の社会科学とも区別される。

人類学の研究が扱うのは、あらゆる他者だ。まずはエキゾチックな他者で、これは同一(identique)であることが前提の「われわれ」(われわれフランス人、ヨーロッパ人、西洋人)との対比で定義される。また他者に対する他者、つまり民族と文化が異なる他者も扱う。こちらは、前提として同一である他者全体との対比によって定義される「彼ら」であり、たいていは民族名に要約できる。さらに社会的他者つまり社会内部にいる他者も出てくる。この内部の他者を基準にして、性による区分をはじめとする差異化のシステムが発生し、家庭・政治・経済の面で、個々人の位置を決定するのだ。したがって、何人かの他者を基準にしなければ、システム内の位置づけ(上の子、下の子、年下、上司、客、捕虜など)を語ることは不可能なのである。そして最後に、社会内部の他者とは別に、内なる他者というものが、あらゆる思考システムの中心にある。内なる他者の表象は普遍的で、完全な個体性などというものは考えられないという事実に呼応する。つまり遺伝、相続、血統、類似、影響関係というカテゴリーは、どんな個体性も他者性（altérité）に補われ、さらには他者性によって作られているということを、ことごとく納得させるのだ。個という概念、病の解釈、あるいは呪術を主題とする文献がこぞって示すのは、民族学の主要な問いのひとつが、研究対象そのものが問う問い、すなわち本質的な他者性あるいは内なる他者性と呼びうるものにまつわる問いであるという事実だ。民族学が研究するシステムのなかで内なる他者性を描きだすと、個体性の核に、内なる他者性が必要であることが分かる。したがって集団のアイデンティティと個のアイデンティティという問題を分けてしまうこともできなくなる。これこそ民族学の研究対象である、社会において信じられているものの中味が、それを解き明かそうとする研究方法に与える影響の見事な例である。人類学が個の捉え方に関心をよせるのは、個の表象が、社会によって構築されるからだけではない。それは、いずれも社会における関係を写したものであり、互いに不可分であるからだ。同時に遠方の社会を対象にする人類学のおかげで、いや、人類学が研究対象とした人々のおかげで、社会的なものは個にはじまり、個は民族学の調査対象になるという発見がある。人類学の持つ具体性は社会学のそれの対極にある。社会学のいくつかの学派は、具体性をおおよその見当で把握するものとして定義するが、そこからはさまざまな個体性が排除されてしまうのだ。

マルセル・モースは心理学と社会学との関係について論じたが、民族学が調べることのできる個体性の定義をひどく限定的なものにしてしまった。たとえば興味深い一節があるのだが、そこでモースは社会学者の研究する人間とは、分割され、管理され、支配される現代のエリートではなく、全体性をもったものとして定義できる普通の人間、あるいはアルカイックな人間であるとはっきり述べている。「現代の平均人は、女性はことにそうであるが、アルカイックな社会あるいは後進社会のほとんどすべての人間と同じく、一個の〈全体〉である。こういう人間は、存在全体をかけて、知覚したものあるいは心的ショックに、それがどんなささいなものであろうと、影響をうける。したがって、私たちが生きる現代社会のエリートに関わる以外のものごとについて、この〈全体性〉を研究することが肝要である[6]」。全体性という概念が、モースにとって重要なのは理解できる。モースにとって具体性とは、完全なものであったのだ。しかしこの全体性という概念は、個体性という概念を限定してしまうし、ある意味ではそれを損なってしまう。より厳密にいうと、モースの考える個体性とは、文化を代表する個体性、すなわち典型的な個体性のことである。これについては、全体的社会事象に対し、モースが行った分析から確認できる。レヴィ＝ストロースが「マルセル・モースの著作への序論[7]」において指摘する通り、（家族、技術、経済といった）個々ばらばらな要素のどれかひとつだけで事象を解釈しがちになるが、社会事象を解釈するにあたって、モースはそれらの要素をすべてとりいれる。それだけではなく、その社会事象を経験する現地人の誰かが、それについてどのような考え方をもつのか、あるいはもちうるのかについても勘案しなくてはならないのだ。全体的社会事実（fait social total）〔モースの用語で、あらゆる制度を内包する事実のこと〕の経験は、二重の意味で具体的である（そして二重の意味で完全である）。すなわち、時間と空間に正確に位置づけられた一個の社会の経験であるうえに、その社会に属する誰か個人の経験でもあるからだ。ただし、この場合の個人は、誰でもいいわけではない。社会と同一視できる個人、社会を体現する個人なのだ。個人である「誰か」が何を意味するのか説明するために、「何々島のメラネシア人（le Mélanésien）」と、モースが総称を表わす定冠詞（le）を使う点は重要だ。この点は、先に引用した文章を読めば明らかになる。そのメラネシア人が全体的であるのは、彼を解釈する時に、個人がもつ「身体的、生理的、心理的、社会学的」なさまざまな次元をとらえるからだけではない。彼は、それ自体が一個の全体とみなされる文化を体現し、統合する個性でもあるからなのだ。

文化と個体性をめぐる以上の概念について語るべきことは多いだろう（事実、あちらこちらで、かなり言及されてきた）。一定の文脈において、ある観点をとれば、文化と個体性とは互いが互いを表わすものとして定義できるというのは、陳腐な話といおうか、いずれにせよ紋切り型ではある。たとえば、だれそれはまさしくブルターニュ人だ、イギリス人だ、オーベルニュ人だ、ドイツ人だ、などというとき、私たちが使っている型がそれだ。自由であるはずの個人の反応を、統計上多数のサンプルをもとに把握し、予測すらできるということも驚くにはあたらない。ただし同時に私たちは集団のレベルであれ個人のレベルであれ、実体をもった単純で完全なアイデンティティというものを疑うことを学んできた。文化はそれぞれ生木のように「変形」するのであって、（外的理由からも内的理由からも）完結したまとまりをもつはずがない。そして個人がどれほど単純に思えようと、単純であるあまり自らが身をおく体制に対して、距離をはかる必要はないなどということもない。個人が体制を体現するのは限られた局面にすぎない。おまけに、確立されたあらゆる体制が抱える問題点は、戦争や氾濫、紛争や対立といった場面であっても、個人が率先して最初にきっかけを与えなければ、そのままの姿を見せることはない。時間と空間に位置づけられた文化も、そしてその文化を受肉する個人も、そこを超えると他者性がまったく考えられなくなるようなアイデンティティの境界を示すものではない。もっとも、研究の（知的）対象を画定するにあたって、周縁における文化の「変質」や、確立されたシステム内部における個人の戦略を必ずしも考慮にいれる必要はない。この点をめぐる議論や論争は、欺瞞と近視眼に陥ることがままあった。たとえば、ある規則を守るか否か、場合によっては回避しうるか違反しうるかという事実は、その規則がもたらす論理的帰結の考察とは何の関係もないのであり、論理的帰結こそが、真の研究対象なのだ、ということを指摘しておこう。反面、他の研究対象では、変質や変化、逸脱、自発性、違反といった過程を考慮にいれる必要があるだろう。

ここでは主題が何か分かれば十分なのであり、人類学研究の目的を確認すればよいだろう。どのレベルの人類学研究であれ、その目的は他者というカテゴリーを、他の人々がどのように解釈しているのかを解釈することである。そのカテゴリーはさまざまなレベルにわたり、他者の場所を定め、他者を必要なものとする。例えば、民族、部族、村、リネージ〔出自を同じくする親族集団〕、もしくは親子関係の最小単位にまでいたる他の分類法があげられる。親子関係をそこまでたどると、血統の同一性より婚姻の必要が優先されることが分かる。そして最後に、個人がくる。儀礼の体系によって、個人とは他者性が形成する複合物と定義されるが、その像《フィギュール》は文字通り思考不能であり、現われ方こそ対照的だが、その意味では王や呪術師の像と同じなのである。

人類学研究を定義するために第二に確認すべきなのは、今度は人類学ではなく、人類学が対象を発見する世界であり、より具体的にいうと、現代世界についてである。エキゾチックな土地に倦んだがゆえに、ルイ・デュモンの懸念の通り、研究上の連続性を失う危険をおかしてまで馴染みのある地平へと人類学の関心を向けるというわけではない。そうではなくて、変化のスピードを加速させる現代世界の方が、人類学のまなざしをひきつけるのだ。すなわち他者というカテゴリーをめぐって、方法に対する新たな反省をひきおこすのである。現代社会の三つの変化についてくわしく見てみよう。

第一の変化は、時間に関わるものだ。私たちの時間概念、そしてまた時間の使用法、どのように時間を用いるのかという問題である。いくたりかの知識人の言をひけば、今日、時間はもはや自明の理ではなくなった。「以後」が「以前」によって説明されることを示す進化という概念は座礁した。一九世紀という大海の航海には寄り添ったが、二〇世紀という暗礁にのりあげてしまったのだ。進化に対して疑念がうまれるについては、実はそれぞれ異なるさまざまな事情が絡んでいる。世界大戦、全体主義、そしてジェノサイドがもたらした残虐行為は、少なくとも道徳の面で人類の進化を証明しはしない。大きな物語の終焉は大きな解釈装置の終わりであり、この装置が人類全体の進化を説明するものとされていたが、そうはならなかった。装置のうちのいくつかに着想した政治体制も、道を踏み外すか、公式に姿を消して失敗に終わった。全体をみわたすと、あるいは先をみすえると、これは意味を担うものとしての歴史に対する疑念なのだ。疑いが新たにされたともいえよう。というのも、一七世紀から一八世紀へと移行する時期に、新旧論争(8)が起こり、ヨーロッパ精神が危機に瀕した事態の根幹には、歴史への疑念があったとポール・アザール〔一八七八～一九四四年。フランスの歴史家〕は考えたが(9)、それが不思議と連想されるからだ。ただし、フォントネル〔一六五七～一七五七年。フランスの思想家・劇作家。新旧論争では近代派を擁護〕が歴史を疑っていたとしても、それは主に方法に対する懐疑であり（逸話に基づき、正確さに欠ける）、そして対象に対する懐疑だったのであり（過去は人間の狂気沙汰しか伝えない）、また有用性に対する懐疑でもあった（若者には自身が生きる時代について教えたほうがよい）。今日、とりわけフランスにおいて、歴史家たちが歴史を疑うのは、技術や方法のためではなく（学問としての歴史は進歩した）、もっと根深い問題で、歴史家たちは時間を自明のものとすることに大きな困難を抱えているのだ。さらに言えば、時間に同一原理を組み込むことが非常に難しいのである。

いずれにせよ歴史家たちは、（家族、私生活、記憶の場といった）いわゆる「人類学的」テーマに特別な関心を寄せている。こうした研究は、昔の形態を好む世間に迎え入れられる。あたかもそれが、私たち同時代に生きる者が失った姿を示すことによって、私たちがいま何者であるのかを教えてくれるかのようだ。ピエール・ノラ〔一九三一年〜。フランスの歴史学者〕は、『記憶の場』[10]第一巻の序文のなかで、この観点を誰にも真似できないほど見事に表現する。いわく、証言や史料や写真といった、要するにあらゆる「かつてあったものを見せてくれる記号」の細かい積み重ねのなかに私たちが求めるのは、私たちとの違いなのであり、そして「われわれが鏡のなかに見出そうとしているのは差異なのだ。そして、この差異のなかに、見出せなかったアイデンティティが輝き出すのを期待するのだ。生成を分析するのではない。われわれがもはや何でないかということに照らして、われわれが何なのかを分析するのである[11]」。

以上に確認された事実全体をみると、まず終戦直後のサルトルやマルクス主義者に依拠した考え方は打ち消されることになる。その分析によれば普遍とは、つまるところ個の真理なのであった。一方、その事実は大方の呼び方にならえば、ポストモダン的感性と一致するものだ。つまり、ある様態は他の様態と等しい。複数の様態がつなぎあわされ、進化につながる発展の到達点としての近代《モダニティ》は姿を消す。

このテーマは尽きないが、私たちは時間の問題を別の観点からも検討できる。大変ありふれた事実、私たちが日常的に確認することになる事実から出発しよう。つまり歴史は加速するということだ。私たちがわずかでも歳をとるやいなや、過去は歴史上のものとなり、自分の個人的なエピソードが、歴史に属するものとなる。私と同じ年代の人たちは、子供時代や思春期に第一次世界大戦を戦った人たちに対して、口には出さずとも一様に憧憬を感じた経験がある。そのような感情こそが、あの人たちは歴史（何という歴史だっただろう！）を生きたのだと、私たちにはそれが何を意味するのか、本当のところは決して理解できないのだと告げるかのようだった。今日では、最近の年代つまり六〇年代《シックスティーズ》、七〇年代《セブンティーズ》、そしてまもなく八〇年代《エイティーズ》までが、やってきたのと同じくらいの速さで、歴史に帰っていく。歴史は私たちについてまわる。自分の影のごとく、死のごとく、私たちをおいかけまわす。歴史つまり多くの人々に事件として認められる一連の出来事（ビートルズ、五月革命、アルジェリア戦争、ベトナム戦争、ミッテラン当選、ベルリンの壁崩壊、東側諸国の民主化、湾岸戦争、ソ連の解体)、未来の歴史家たちが重視するであろうと私たちがみなす出来事、私たちひとりひとりが、自分の存在はワーテルローの戦いにおけるファブリス〔スタンダール『パルムの僧院』の主人公。ワーテルローの戦いで何もできぬまま負傷する〕と同じくらいとるに足らないことを意識しつつも、個人的に状況を結びつけ、特別なイメージを抱く出来事。歴史は人間がつくる(他に誰がつくれよう)、人間はそれと知らずに歴史をつくるという事実が、日々真実味を失っているかのようだ。現代史家につきつけられた問題は、こうした事件の氾濫そのものなのではないだろうか(しかも地球は日々小さくなる。これに関しては後ほど論じる)。

この点を明確にしておこう。歴史家のうち、出来事を歴史の大きな流れのなかに埋没させようとし、出来事を「以前」と「以後」との間で起こる反復であるとみなし、「以後」は「以前」が発展したものと考える人たちにとっては、いつでも出来事というものは問題であった。これこそフランソワ・フュレ〔一九二七～一九九七年。フランスの歴史学者。ジャーナリストとしても活動〕の分析が意味するところだ。典型的な出来事であるフランス革命について、フュレが行った分析は論争をまきおこしたが、そこには論争以上の意味がある。『フランス革命を考える』[12]において、フュレは何といっているだろうか。フランス革命が勃発した日から、革命という事件は「新しい歴史的行動様式を確立する。しかもその行動様式は、以前の状態について整えられた目録のなかには記載されていない」[13]。さまざまな要因が革命を可能にし、また後の世に革命を考察する手がかりを与えたわけだが、革命という事件を（この意味でフランス革命は事件の鑑なのであるが）、単にそうした要因が積み重なった末の極点にすぎないと片づけることはできない。このフュレの分析を、そもそもフランス革命というケースだけに限定するのは間違いのもとだ。

実際、大方の経済学者・歴史学者・社会学者にも、予測しえなかった事件が増大するにつれて、歴史が「加速」する。問題なのは、事件の氾濫であって、（テクノロジーによって未曾有の規模でおきた）二〇世紀の惨禍や、知的世界の図式におとずれた急激な変化や、政治の混乱ばかりではない。そうしたことなら、歴史上、例に事欠かないからだ。出来事がこのように氾濫していることを十全に理解するためには、現代における情報の氾濫と、かたや今日「世界システム」[14]とも呼ばれるものの前代未聞の相互依存とを考慮にいれなければならない。過剰に起こる出来事が、歴史学者たちには、間違いなく問題を提起する。とりわけ現代史研究者にとってそうだが、「現代史研究者」という名前さえも、過去数十年の出来事の多さのために、何の意味もなさなくなりそうだ。ところで、この問題はまさしく人類学が問う類のものなのである。

フュレがフランス革命の力学を、事件として定義するところを読んでみよう。それは「歴史的・イデオロギー的・文化的と言いうる」力学である、とフュレは語る。「人間を動員し、事物に働きかけをするための累乗的なその力が、必ずもろもろの意味を過剰に担わされているからである」[15]。意味が過剰に与えられること、これぞまさしく人類学が判断すべき事柄であるが、そうした事態は現代、数々の出来事が示すものでもある。ただし意味の過剰は数々の矛盾をうみ、その広がりの観察は完了しない。分かりやすいところでは、誰も崩壊を予想すらしなかった体制が、瞬く間に崩壊するときがそうだ。またもっとありふれたものでは、自由主義国家において、政治・社会・経済生活に影響を与える潜在的な危機がおこり、それについて少しずつ意味づけながら話しをするときだ。新しいのは、「世界には意味がない」、「ほとんどない」あるいは「減ってしまった」ということではなくて、私たちが、世界に一つの意味を与える必要を、日々はっきりと強く感じたということなのだ。それもどこそこの村やだれそれのリネージにではなく、世界に意味を与えたい、という欲求だ。過去ではなくて、現在に意味を与えたいというこの欲求は、氾濫する事件への代償である。事件の氾濫を、私たちは「スーパーモダニティ（surmodernité）」という名で呼べるかもしれない。そこからその本質的な様相を説明できる。つまり過剰であるということだ。

なぜなら出来事が、現在にも近い過去にも詰め込まれ、私たちは誰しも、そうした出来事にあふれたこの時間を生きている、あるいは生きていると思っているからだ。それによって、私たちはますます意味を求めるようになることも指摘しておこう。平均寿命がのび、三世代の共存から四世代の共存へと移行し、社会生活の面では、慣習が徐々に変わりつつある。同時にその一方では、集団や家系や歴史に関する記憶が広がることによって、自分の歴史が、大文字の歴史と交わっていると、そして大文字の歴史が自分の歴史に関わっていると、個々人が感じられるような機会が増えていく。こういう感情が強まり、個人において欲求も失望も抱かせるのである。したがって、過剰な時間あるいは過剰というイメージによって、まずはスーパーモダンな状況を定義することができよう。まさにそれがもつ矛盾ゆえにすばらしい観察領域となるのであり、語の十全な意味で、人類学の研究対象となると考えられる。スーパーモダニティは、コインの表側だと言えるだろう。ポストモダニティはコインの裏側しか示さなかった。ネガに対するポジなのだ。時間という概念について考えにくくなったのは、スーパーモダニティという観点にたって考えれば、現代世界に出来事があふれているからなのである。進歩という概念が瓦解したためではない。進歩概念は、戯画化されたがゆえに、告発するのがいたってたやすく、少なくともその状態では、長い間病気にかかっていた。（ほとんど私たちの日常生活に内在している）直近の歴史、私たちについてまわる歴史というテーマは、歴史の意味あるいは非－意味というテーマにとっては前提となる。なぜなら近い過去に意味を与えることの困難は、現在を隅から隅まで理解したいという私たちの欲求から生じるからだ。積極的に意味を求める態度（民主主義の理想はおそらくその本質的な一面である）は、現代社会の個人のうちに現われるが、それが逆説的に意味の危機のしるしと解釈される現象を説明することもありうる。たとえば、この世に幻滅した人が抱くあらゆる失望だ。つまり社会主義への失望、自由主義への失望、それにまもなくポスト共産主義への失望が加わるだろう。

現代世界に特有の、加速する第二の変容と、ポストモダニティの第二のイメージは空間に関係する。空間の過剰についてはまず、またも逆説的であるが、地球の収縮と相関関係にあるといえる。宇宙飛行士たちが偉業をなしとげ、人工衛星が周回するにつれて、私たちは自分自身と距離をおくようになった。ある意味で、宇宙への最初の一歩が私たちの空間を、ちっぽけな点に縮めてしまった。衛星が撮った点の写真が、きっちり正確にその大きさを教えてくれるのだ。しかし同時に、世界は私たちに開けたものとなる。私たちはスケールの変化する時代にいる。宇宙征服についてもそう言えるし、地球上においてもそうだ。高速の交通手段が、ある首都からある首都までを、せいぜい数時間でつなぐ。とうとう自分の家のなかでも、ありとあらゆる映像が、衛星に中継され、どんな奥まった家の屋根からもそそりたつアンテナにキャッチされ、あっという間に、時には同時進行で、地球の反対側で起きている出来事の光景を伝える。もちろん、こんな風に切り取られた映像がもたらすニュースには、悪影響もゆがみもあるだろうと私たちは予感する。映像は操作されているというし、それのみならず（他に何千も撮れるはずの映像のうちのひとつにすぎない）映像が影響力を発揮し、それが伝える客観的な情報を遥かに超えた力を有する。さらに、この世界のスクリーン上では、ニュースを伝える映像、宣伝のための映像、フィクションをみせる映像が日常的に混在していて、すくなくとも原則上は、そうした映像の扱いも目的も同じではないにもかかわらず、多様な映像のなかに私たちの目には比較的、均質化された世界が写るということも認めねばならない。アメリカ人の生活について、よくできたテレビドラマほど写実的に情報を伝えてくれるものがあろうか。おなじく斟酌すべきは、小さなテレビ画面がつくりだす、視聴者と大文字の歴史の担い手との間の偽の親近感だ。その姿は、ドラマの主人公や芸能界・スポーツ界の国際的スターと同じく私たちに馴染み深い。着々と発展していく風景のようなものだ。テキサス州、カリフォルニア州、ワシントン、モスクワ、エリゼ宮、トウィッケナム・ラグビー・スタジアム、オービスク峠。実際に行ったことがなくても、それと分かる場所だ。

こうした空間の氾濫は、擬餌針《ルアー》の働きをするが、こちらは誰が擬餌針を操っているのかつきとめようとする（おとりである画面の背後には、誰もいない）。ほとんど伝統的に民族学が我がものとしていた世界の代用品となるのだ。それ自体ほぼ虚構《フィクション》の世界なのだが、本質的には、再認識する世界であると言えよう。この象徴として働く世界の特性は、それを遺産として受け継いだ人間にとって、認識というより再認識する手段となることである。この閉じた世界では、あらゆるものがしるしとなる。暗号のまとまりでもあり、それを解き使用できる鍵をもつ人は一部だが、誰しも暗号の存在は認めている。この世界は部分的に虚構だが、実際に存在する全体性である。そして民族学者に役立てるために思いついたといわれかねない宇宙である。なぜなら、民族学者が抱く幻想は、この地点において研究対象である現地人たちの幻想と出会うからだ。長い間、民族学はこの世界に意味のある空間を切り取ろうと腐心した。文化を完成した全体性としてとらえ、そこに一致する社会を取りだそうとしたのだ。つまり、社会は意味をもつわけで、その内部では個人も集団も、その世界を体現するものにすぎず、同じ基準、同じ価値、同じ解釈手順によって定義される。

先ほどすでに批判した、文化と個体性という概念には立ち戻らない。ただ、こうしたイデオロギー概念は、民族学者のイデオロギーと、研究対象のイデオロギーとを反映しており、スーパーモダニティの世界を経験することによって、民族学者はそうしたイデオロギーを厄介払いでき、正確にはイデオロギーにどれほどの影響力があるのかを検討することができるとだけいっておこう。なぜならスーパーモダニティの世界の経験とは、とりわけ、近代世界における空間があてはまらず、重視されないような空間がもつ構造を経験することだからだ。ここでもまた説明が必要だろう。時間の認知は、支配的な歴史解釈の方法が覆ったために侵食されたというよりは、現代において出来事が過剰に起こるために複雑化したようだ。それと同様に空間の認知もまた、進行する混乱によって覆ったというより（なぜなら、国や領土はいまだ存在しており、現実に土地があるという事実以上に、個人と集団の意識や想像力という現実のなかに存在しているのだから）、現代において空間が過剰であるために複雑になっているのだ。こうした空間の過剰は、前述した通り、スケールの変化や映像化された情報や架空の情報の増大、そして交通機関の目をみはるような高速化に見られる。これが具体的に行きつく先は、大規模な物理的変化だ。すなわち、都市への集中が起こり、人口は移動し、そして私たちが「非－場所《ノン－リュー》（Non-lieux）」と呼ぶものが増大する。「非－場所」とは対照的に、〈場所〉という社会学的概念は、時空間に位置づけられた文化に、モースや民族学全体によって伝統的に結びつけられてきたものだ。「非－場所」とは、人や財を加速して循環させるための設備（高速交通、立体交差、空港）でもあるし、交通手段そのものでもあるし、あるいは巨大商業センターや世界の難民が一時的といいながら長期間にわたってつめこまれるキャンプでもある。なぜなら私たちの生きる時代が呈する状況は、これまた矛盾したものだからだ。地球という空間の一体性が考えられるようになり、巨大な多国籍ネットワークが強められる、まさにその時に、地域の自主独立主義を求める叫びが大きくなるのである。自宅に一人でいることを望む人たちや祖国を見いだそうとする人たちの叫びだ。保守主義とメシアニズムとがお互いに、同じ言語で、すなわち土地とルーツという言語で話さざるを得なくなったかのようだ。

出来事の過剰を前に歴史学者たちが向き合った困難と同じ種類の問題が、空間のパラメーターの変化（空間の過剰）のために、民族学者につきつけられたとも考えられる。たしかに同じ種類の問題である。しかし人類学研究にとっては、こうした問題はことに刺激的なのだ。スケールの変化やパラメーターの変化が起きたのなら、私たちは一九世紀にそうしたように、新しい文明や文化の研究を試みればいいのだから。

私たち自身がその新しい研究対象の一部であるということは、大して重要ではない。なぜなら私たちはそれぞれ、対象のすべての側面を把握しているわけではないし、そんなことは出来ようはずもないからだ。反対に、かつて西洋の観察者たちにとってエキゾチックな文化が、それほどまで異なっているとは見えなかったがために、そもそも自己の習俗にもとづいた自民族中心的なものさしで対象を解読しようとしてしまったのだ。遠方の地での経験は、私たちにもの見方を脱中心化することを教えた。私たちはこの経験に学ばなければならない。スーパーモダニティの世界は、私たちが生きていると信じる世界と、まったく同じものさしでは測れない。私たちは、まだその見方を知らない世界を生きている。あらたに空間を考える方法を身につけねばならないのだ。

スーパーモダニティという状況を定義しうる、過剰の第三の形象《フィギュール》はよく知られている。それは自己あるいは個人という形象であり、それが人類学における考察にいたって復帰を果たすといわれる。なぜなら領土のない世界では新たな調査地もなく、大きな物語のない世界では理論がふきこまれることもないので、民族学者の一部は、文化（特定の地域の文化、モース式の文化）をテキストとして扱おうと試みた末、民族誌の記述にしか関心をもたなくなってしまった。彼らにとって、もちろんテキストが書き手を体現するのである。したがって、ジェイムズ・クリフォード〔一九四五年〜。アメリカの人類学者。人類学におけるポストモダンの提唱者の一人〕の言を信ずるならば、エヴァンズ＝プリチャード〔一九〇二〜一九七三年。イギリスの人類学者〕から私たちがヌアー族について学ぶことよりも、ヌアー族からエヴァンズ＝プリチャードについて学ぶことの方が多いということになる。他者にまつわる自らの研究を通じて、解釈者が自己自身を構築するという、解釈学的研究の趣旨をここで問うことはしないが、民族学と民族学文献に関していえば、解釈学の縮小版は凡庸に陥る危険性があるとだけいっておこう。なんとなれば、脱構築主義の精神を民族学のコーパスに応用した批評が、些末な事柄や分かりきった事実（たとえばエヴァンズ＝プリチャードが生きたのは植民地時代である）以上のことを教えてくれるかどうかは定かではない。そのうえ調査対象ではなくて、調査をする人たちを研究するのなら民族学は道を踏み外してしまうかもしれない。

ポストモダンの人類学は（同じ言い回しで返礼すれば）、スーパーモダニティの分析の領域にある。（調査地からテキストへ、テキストから書き手へという）単純化された方法は、その分析の特殊な形にすぎない。

少なくとも西洋社会においては、個人がひとつの世界たらんとする。個人は手にした情報を自らの手で、自分のために解釈しようとする。宗教社会学者は、カトリックの信仰の実践にある奇妙な性格を明らかにした。カトリック信仰を実践する人は、それぞれ自分のやり方で実践するのである。同じく、異性間の関係という問題は、ただ個人という両者を差別しない価値観を奉じることによってのみ、克服できる。前述の分析を参照すれば、思考方法がこのように個人中心になったことにも、さほど驚きは感じない。個人の歴史と集団の歴史とが、現在ほど歴然と結びついた試しはないが、集団のアイデンティティを定める指標が、いまほど揺れ動いたこともなかった。かつてないほど、個人個人が意味をつくりだす必要があるのだ。もちろん社会学によって、思考方法が個人化したことから生ずる幻想に加えて、全部にせよ部分的にせよ当事者には意識されない再生産、そしてステレオタイプ化という結果があらわになる。一方で身体や感覚や生きることのすがすがしさといった意味を、宣伝装置を総動員して中継し、また個人の自由というテーマを軸にした政治言語も意味をつなげる。そうした意味の創出がもつ特異な性格は、それ自体が興味深い。それは民族学者が、他者において研究してきたものの範疇にあるのだ。すなわち項目はさまざまだが、コスモロジーというよりは、地域的な人間学と呼びうるもの、さらに言い換えれば、アイデンティティおよび他者性というカテゴリーが形作られる表象体系に由来するのだ。

かくして今日、人類学者には、いかに個人を位置づけるべきかという問題が、言葉を新たにして提起される。それによってモースや彼以後の文化主義的傾向が全面的にぶつかったのと同じ困難をひきおこされる。ミシェル・ド・セルトー〔一九二五～一九八六年。フランスの歴史学者・哲学者。イエズス会士〕は、『日常の発明[16]』のなかで、「ものなす技の策略」にふれる。近代社会とりわけ都市社会全般にわたる制約に服従する個人にも、制約をそらし、利用し、日常のなかでちょっとした大工作業をし、制約のうちに自分の舞台背景を描き、自分自身の道を描くことができるのだ。一方、ミシェル・ド・セルトーが気づいていた通り、こうした策略やものなす技というのは、多数の平均的な個人（具体性の極み）も、個人の平均（抽象的な存在）も意味する。同様にフロイトが社会学的主題を扱った著作（『文化への不満』『幻想の未来』）において、「普通の人間（der gemeine

Mann)」という表現を用い、個人の平均と教養あるエリートとを対比するのは、モースに似ているところがある。教養あるエリートとは、自らに対して反省的アプローチを用いることのできる人間である。

しかし、宗教の他、さまざまな組織から疎外された人間について語るとき、それは人類全体に、もしくはどんな人間にもあてはまるということをフロイトは確かに意識していた。そもそもフロイト自身にもあてはまるし、疎外のメカニズムやそれがもたらす結果を観察する立場にある者なら誰にでもあてはまるのだ。レヴィ＝ストロースが語るのもまた、こうした必然的な疎外である。そのような人間は心の健やかな者と呼ばれるが、その疎外が起きるのは、他者への関係によって確立する世界に存在することを受け入れるからだと、「マルセル・モースへの序論」の中でレヴィ＝ストロースは書いている(17)。

周知の通り、フロイトは自己分析を実践した。今日、人類学者が知るべきは、観察対象の主観性をどのように分析に組み入れるかという問題である。現代社会において個人に与えられた新たな地位を考えれば、つまるところそれは、代表性の要件をいかに再考すべきかという問いになる。フロイトの例にならえば、人類学者が自分のことを、出自とする文化を背負った現地人であると、要するに特権的なインフォーマントであると考え、そして何らかの自己民族分析をあえて試みるという可能性も排除できない。

今日、個人に準拠することが、あるいはいってみれば準拠枠を個体化することが大変重視されるが、それ以上に注意を払わなければならないのは、特異な事実である。対象の特異性、集団の特異性、集団への帰属関係の特異性、場所の再構成など、ありとあらゆる種類の特異性だ。「文化の均質化あるいはグローバル化」といった表現で、あまりにも拙速に単純化される嫌いがある、相互関係を結ぶ脱ローカル化の加速する過程に対し、こうした特異性は矛盾をはらむ対位旋律となるだろう。

同時代性を主題にする人類学を実現するために何が必要かという問いは、方法論の問題から対象の問題へと移して考えなければならない。方法論への問いに決定的な重要性がないというわけではないし、それが対象の問題と完全に切り離せるというわけでもない。しかし対象を問うことが前提条件なのだ。しかも二重の意味でそうなのである。というのも、社会の新しい形や、感覚の新しい様態や、あるいは新しい組織は、現代における同時代性の特徴として現われるが、そうしたものへ関心を抱く前に、大きなカテゴリーに影響を与えてきた変化に注目すべきであり、人はそうしたカテゴリーを通してアイデンティティを考え、互いの関係をはかっている。スーパーモダニティの状況の特徴を取り出そうと試みた時に依拠した三つの過剰の形（出来事の過剰、空間の過剰、準拠枠の個体化）を使えば、スーパーモダニティを理解できる。それもスーパーモダニティがはらむ矛盾や複雑さも考慮にいれたうえで、しかもそれを失われた近代がひらく超え難き地平にすることもない。もしそうであれば、失われたものの跡をなぞるか、破片を収集するか、資料を分類整理するしかできなかったろう。二一世紀は人類学の時代である。これら過剰の三つの形がまさに現在の常に変らぬ原料の形であり、それがまた人類学の題材でもあるからというだけではない。スーパーモダニティ的状況においては（人類学が「文化変容」という名の下に分析する状況におけるのと同様に）、構成要素は破壊されることなく集積されるからだ。かくして（婚姻から宗教、交換から権力、所有から呪術まで）人類学の研究対象に熱心な関心を抱く人たちも安心していい。こうしたテーマは、アフリカでもヨーロッパでもすぐになくなりはしない。そうではなくて、他の多くのテーマと共に、こうしたテーマも目新しい世界のうちで新たに意味をなす（意味をつくりかえる）。そして未来の人類学者たちは、やはり新しい世界の道理と不条理とを、理解しなければならないのである。

人類学の場

民族学者と研究対象の人々とが共有する場とは、まさしくひとつの場なのである。現地人が暮らし、働く場。そしてそこを守り、その長所を記し、境界を見張る。住人の心のうちでは、この地勢には地下や天上の支配者が、祖先や霊が満ちて息づいており、土地にはその跡がみつかる。霊たちにこの場で供物や犠牲を捧げる一握りの人間たちが、あたかも人類のエッセンスであり、霊に献じたこの信仰の場の外には、人類の名にふさわしい人間はいないかのようだ。

反対に民族学者は、場を整備することによって（野生の自然と手を入れた自然との間にはいつも境界を求めて標《しるし》をつけ、永続的にしろ一時的にしろ耕作地や漁獲地を分割し、村を整備し、住居を配置し、居住規則を定める。場の整備とは要するに集団の経済、政治、宗教地理学である)、秩序を解読できると自負する。空間のうちに書き換えると、副次的な性質のものに見えてしまうだけに一層、その秩序には拘束力があり、何にせよ議論の余地がないのである。かくして民族学者は自分が誰よりも現地人を繊細に知る者だと考えるのだ。

民族学者と研究対象である現地人とが共有するこの場は、ある意味で(ラテン語の« inventire »の意味で)一個の発明なのである。そこは、その所有権を求める者たちによって発見されたのだ。土地の創成物語が元からいた場所にいつくという話であることはめったにない。大概の場合その反対で、土地の霊と最初の住民たちが、移動する集団全員で冒険にのりだす物語だ。社会が土地に刻む目印は、それがもともとある物ではない分、必要になる。民族学者はと言えば、その目印を見つけるのである。時には、民族学者の調査や好奇心によって、調査対象が本来の関心を取り戻すことすらある。たとえば、街への移住、新たな人口増加、産業文化の広がりなどといった、現下の情勢に由来する事象が勝り、本来あった関心が時には薄らいだり姿をひそめたりすることがあるからだ。

なるほど、以上の二重の発明の元には、実際に起きた事柄があり、発明の原料と目的とを提供する。しかしそこからはまた、幻想や幻影も生まれる。現地人が抱く幻は、記憶に遡れないほど前から、手つかずの土地に社会が脈々と根づいているというものだ。その土地を超えては、実際のところ何事も考えることができなくなる。民族学者がみる幻想は、社会そのものが非常に透明であるというものだ。それゆえ、どんなささやかな習慣や組織のなかにも、構成員それぞれの一般的な人格のうちにも、社会がまるごと表われる。遊牧民社会も含め、あらゆる社会で必ず自然は碁盤目状に把握されるが、それを知ることによって、この幻は広がり、幻想は豊かになる。

現地人の幻想は完全に確立し閉ざされた世界のものである。厳密に言えば、そこには知るべきことは何もない。知るべきほどのことは、人々はすでに知っているのだ。土地しかり、森しかり、水源しかり。すばらしい長所や、信仰の場や、薬草も。こうした場所がその時々にどのような状況にあるのかを調べる経過も見逃せない。起源譚や、儀式を定める暦のおかげで、これらの場の正当性が当然の前提となり、原則的には安定する。しかし万一の場合には、あらためて「確認」しなければならないのである。どんな不測の事態も、出産や病気や死亡がそうであるように、慣例という観点に立てば完全に予測できるものであり、また反復するものである。

しかし、たとえそうであっても解釈は必要になる。厳密にいうとそれは、不測の事態を知るためではなく、それと認めるためなのだ。つまり、それまで蓄積されてきた言葉を使って語られる話や、くだされる診断に、不測の事態が収まるようにするのである。そうした言葉が発されたとしても、文化の正当性や社会を構築するルールを守る者たちを驚かせることはない。こうした場合、話に使われる用語が空間に関わるものであったとしても、驚くにはあたらない。空間をもつことによって集団のアイデンティティが表現されるのだし（集団の起源は多様である場合が多いが、一方で場の同一性が集団を作り、集め、結びつける）、同時に外部および内部の脅威から場所を守り、アイデンティティという言葉の意味を保つのだから。

私にとってはじめての民族学的体験のひとつは、アラディアン族が住む地域〔西アフリカ、ギニア湾とエブリエ潟の間にある防波島〕における亡骸への審問だったが、先ほどの点からすると、これは典型的なものであった。やり方は様々ながら、西アフリカに広くみられる風習であり、世界各地で同じ方法がみられるだけに、なおのこと典型的と呼ぶのにふさわしい。大まかに言えば、彼の死を招いた者がアラディアン族の村々の外にいるのか、どこかの村のうちにいるのか、儀式が行われるまさにその村のうちにいるのか、外にいるのか（外にいるなら東か西か）、リネージのうちにいるのか外にいるのか、家のうちか外かなどを、亡骸に問う儀式であった。時には、ゆっくり進む審問に亡骸がわって入り、彼を運ぶ一団を、柵や入り口が壊された「小屋」に導き、そうしてそれ以上の探索は必要ないことを審問者たちに伝えることまであった。確かに、民族集団のアイデンティティ（このケースではアラディアン族で構成される混合集団）にとって、内部対立をうまく抑える必要があるのは明白であるが、それは外部と内部との境界が良好な状態にあるか否かを、たえず繰り返し吟味することで保たれるのである。人がひとり亡くなるとほとんど必ず、境界について繰り返し述べ、確認してこなければならなかったし、いまでも確認しなければならないのには、こうした意味があるのだ。

基盤があり、その基盤がたえず据え直される、ここでの場をめぐる幻想は、幻想といってもまだ半幻想である。初めは、うまく作用する。というより、うまく作用してきた。土地は耕され自然は手なずけられ、何代にもわたって子孫が続く。ある意味で、この土地の神々の加護は篤かったのである。領土は維持され、外界からの攻撃や内部分裂といった脅威から守られたが、それは並大抵のことではないと分かる。この意味でも、占いと予防措置が功を奏した格好だ。どの程度に有効であったかは、家族、リネージ、村あるいは集団の単位ではかることができる。時に見舞われる波乱に対して対応をし、特別な難題を洗いだし、解決を担う役の人数の方が、犠牲者や被害者の数より常に多い。全員が助け合い、全部が支え合うのだ。

半幻想であるという理由は他にもある。共有する場のリアリティや、それを脅威にさらしたり保護したりする支配者のリアリティに疑いはなくても、他の集団がいるという現実（アフリカでは創世譚の多くが何よりもまず戦争と逃亡の物語である）も、したがってまた、別の神々もいるという現実も皆知っているし、それが慮外におかれたことはない。そして外部に商いや妻を娶りに出かけていく必要があることもまた忘れられたことはない。閉ざされ自足した世界というイメージは、それを広める役目柄、そこに自己同一化している人々にとってさえ、便利で欠かせないイメージ以上のものであるとはまったく考えられない。偽りのイメージではなく、土地にあらまし刻まれた神話なのである。この神話は領地と同様もろいものなのだが、領地の特異性を築くものだ。また境界と同じく、手を加えられる可能性もあるが、まさにそれゆえにこそ、創世から直近の移動までを変らずに語る運命にある。

この点において、民族学者の夢想と、現地人の半幻想が出会うことになる。民族学者の夢想もまた半夢想にとどまる。というのも、研究対象である現地の人々と、その手で形づくられた空間やその背後にある風景とを一体のものと見なす誘惑に、民族学者は当然ながらからられるものの、現地人の物語が変遷を繰り返し、変わりやすく、目印にする場所がたくさんあり、境界も不安定であることを民族学者は当人たちと同じくらい知っているからだ。さらには民族学者たちも当人たちも、現在の混乱を前に、むなしくかつての安定をふりかえるのかもしれない。ブルドーザーが農地を消し去る、若者たちが都市へ旅立つ、あるいは「外来者」が住みつく。その時、あたう限り具体的な空間を指す意味で、縄張りの目印とともに、アイデンティティの目印が消える。

しかし、民族学者が出会う誘惑の本質はそこにはない。この誘惑は、知識に関わるものであり、昔から民族学に伝統的に見られるものだ。

さまざまな場面で民族学が伝統的に使い、濫用してきた概念を借りて、この誘惑を「全体性への誘惑」と呼ぶことにしよう。ここで、モースがどのように全体的社会事実という概念を用いてきたのかについて、さらに、それに対してレヴィ＝ストロースがどのように論評したのかについておさらいしておこう。モースによれば、社会事実の全体性とは、二つの異なる全体性を指す。ひとつには、全体性を構築するさまざまな組織の総和であるが、かたやその社会事実に参画し生きるひとりひとりの個体性を画定する、さまざまな次元の集まりでもある。先に論じた通り、レヴィ＝ストロースはこの観点を非常によくまとめている。全体的社会事実とは、何よりもまず、まるごと受けとめられた社会事実全体のことである。すなわち社会事実の解釈には、誰であれそれを生きる現地人の見方が組みこまれているのだ。ただし、このように網羅的に解釈するという理想は、小説家ならば想像力を多方向に働かせる必要に陥って、誰しも意欲を削がれるだろうが、この理想の元にあるのは、「平均」人というごく特殊な概念である。この「平均」人は、それ自身で「全体」であると定義される。なぜなら、近代のエリートの代表と異なり、「平均人は、存在の全体において、ごく些細な感覚やごくわずかな精神的ショックに影響をうけるのだ」[1]。モースの言う「平均」人とは、近代社会においてエリートに属さない人すべてである。一方で、近代以前には平均しか存在しない。「平均」人は、「アルカイックな社会あるいは後進社会のほとんどすべての人間」に似通っている。彼らと同じく、ごく身近な周囲の状況に影響を受けやすく、傷つきやすいのだ。それゆえにこそ、彼は「全体」なのである。

ただし、モースの目に現代社会が民族学によって管理できる対象と映ったかというと、これはそれほど単純な話ではない。なぜならモースにとって、民族学の対象は、空間と時間に正確に位置づけられた社会だからだ。民族学にとっての理想の調査地（「アルカイックな社会あるいは後進社会」の地）では、人は皆「平均」である（「代表」であるともいえよう）。空間と時間に位置づけるのもたやすい。位置づけは全員にあてはまるし、位置づけの労力を増し、解読を混乱させるような階級分裂も、移民も、都市化も、産業化もない。全体性および位置づけられた社会という概念の背後には、文化と社会と個人の間の透明性という概念がある。

　文化をテキストとして見る考え方は、アメリカ式文化主義〔文化とパーソナリティ論。一九二〇年代後半アメリカで始まった心理学的傾向をもつ研究〕の変種の最新版ではあるが、位置づけられた社会という見方にすでにその全容がつかめる。全体的社会事実を分析するには、「誰か個人ひとり」の分析を取り入れる必要があることを説明するために、モースは「どこそこの島のメラネシア人（le Mélanésien）」を例に挙げる。定冠詞（le）を用いていること（このメラネシア人は典型であり、他の時期に他の場所で、部族の典型に格上げされた調査対象も典型として扱われる）は重要であるが、それだけではなく、ある島（小さな島）が優れて文化の全体を表わす場として、模範が示されていることも見逃せない。ひとつの島ならば、ためらうことなく外縁と境界とを示し描くことができる。島から島へと、列島の内部では、海づたいの航行と交流によって、決まってそれと分かる道筋ができ、(同一性が見てとれ、関係が定められた)相対的に同一と認められる領域と外部世界、つまりまったく未知の世界との間に明白に境界線がひける。民族学者は、個別の特異性がもつ特徴をあぶりだそうとするから、あらゆる民族が島ならば理想的だろう。他の民族と関係することがあっても、他のどんな部族とも異なっており、島民同士が、そろってぴたりと同類であるならば。

体系的であろうとする限り、文化主義が社会を見るやり方に限界があるのは明らかだ。それぞれ固有の文化を実体化すれば、文化には本質的に議論を要する特徴があるのを見過ごすことになる。そうした特徴が、他の文化に対する反応や歴史上の異変への対応からうかがえる場合があるにもかかわらず、である。同時に文化という「テキスト」からは決して導き出すことのできない、社会の骨組みの複雑さや個人の立場の複雑さをも見過ごすことになるのだ。しかし、現地人の幻想と民族学者の夢想の底には、現実が横たわっていることを見逃してはならない。空間の整備と場所の構成は、同一の社会集団における課題のひとつであり、集団および個人の行動様式のひとつなのだ。集団(あるいは集団を指導する人々)および集団に属する個人は、アイデンティティと集団における関係とを同時に考える必要があり、そうするために（グループ全体が）共有するアイデンティティの構成要素と、（他者と対比できる、グループあるいは個人がもつ）個別のアイデンティティ、そして（何とも類似しない個人あるいは個人のグループ）固有のアイデンティティを象徴化する必要がある。空間の処理はこうした試みのうちのひとつであり、社会的なものが最終的には空間をうみだしたのだといわんばかりに、空間から社会的なものへと、人類学が遡ろうとしても驚くにはあたらない。この遡行はそもそも文化をたどるものである。なぜなら社会秩序の公認を得て確立された、もっとも目につきやすい標《しるし》をたどることによって描かれるのは、社会秩序の場であるからだ。それはまた共通の場とも定義される。

空間が作り出す、こうした具体的かつ象徴的な構造に、私たちは「人類学の場（lieu anthropologique）」という語をあてることにしよう。社会生活が抱える矛盾やその変遷を、それだけで説明できるわけではないが、どれほど慎ましくとるに足らない程度であっても、社会生活の一端を担う人すべてに、この構造は関わっている。あらゆる人類学は他者の人類学を対象にする人類学なのであるから、場すなわち人類学の場とは、そこに住む人々にとって意味の原理であると同時に、観察する者にとっては、理解の原理となる。人類学の場のスケールはさまざまである。たとえば光の側と陰の側、男性が占める部分と女性に割り当てられた部分をもつ、カビル族〔アルジェリアに生きるベルベル人の部族〕の家。内部のレグバ〔ブードゥー教において特別な地位を与えられた神格〕像が眠る者を己の衝動から守り、玄関のレグバ像が外界の攻撃から守る、ミナ族〔トーゴに住む部族〕やエウェ族〔ガーナ南東部およびトーゴ南部に住む部族〕の家。こうした二項対立に基づいた配置の仕方は、土地における境界線として大変具体的かつ明白に表われることが多く、直接的にせよ間接的にせよ、婚姻や交換やゲームや宗教にまつわる指示である。エブリエ族〔コートジボワール南部に生きる部族〕あるいはアチェ族〔コートジボワールに生きる部族。コモエ川西部、アビジャン北部に住む〕の村は、三項によって分割され、一族の生活と年齢階級とを規定する。分析する場にはことごとく意味がある。そこは意味を与えられた場であるうえ、新たにたどり直す度、そして慣例として繰り返したどる度に、意味の必要性が強化され、確認されるのである。

これらの場所には少なくとも三つの特徴がある。そこはアイデンティティの場、関係の場、歴史の場であろうとするのだ（そうであるように望まれている）。各人にとって、家の間取りや住居に関する決まり、村という区分、そして祭壇、公共の場所、土地の分割などは、空間と社会とに向けられた、いろいろな可能性や掟や禁止と一致する。うまれるとは、ある場所にうまれるということであり、ある住居を割り当てられるということなのだ。この意味で、出生地とは個人のアイデンティティを構成するもので、アフリカでは、たまたま村の外で生まれた子には、誕生を見守った風景にある物にちなんだ、特殊な名前がつけられることがある。出生地は、ミシェル・ド・セルトーがいうところの「固有」の（そして固有名の）法則に従うのである。ルイ・マラン〔一九三一〜一九九二年。フランスの歴史家・哲学者〕はといえば、アリストテレスによる場の定義を、フルチエールの辞書〔一七世紀フランスの代表的な辞書〕からひき（「身体に最初に接する不動の面であり、別の身体を包括する。端的に言えば身体がおかれた空間のこと[2]」）、フルチエールが選んだ「すべての身体は自分の場所を占める」という例を引用する。ひとつの場を排他的に占有するというのはしかし、誕生する身体や生きている身体よりも、墓場の死体がやりそうなことだ。完全な個体性としての固有の場は、人間の誕生や人生の領域では、定義するのも考えるのもさらに難しいものである。ミシェル・ド・セルトーは、どんな場にも、「共存という関係にしたがって、さまざまな要素を配置する」システムがあると考える。二つのものが同一の「席（place）」を占めることはありえず、場がもつ各要素は、他者の側で、固有の「場所（endroit）」にあることをセルトーは受け入れるが、セルトーの定義によれば、場とは「複数の位置取りの瞬間的な配列[3]」

である。つまり、同じ場に存在する要素は、ばらばらで個別のものではあるが、共通の場を占めることによって与えられる関係や、分かちもたれたアイデンティティについて考えることは可能である。たとえば住居にまつわる規則のうち、子どもの居場所を定めるものは（大抵の場合、それは母親の元であるが、同時に父の元でもあり、母方の叔父のところでもあり、母方の祖母のところでもある）、子どもを全体のなかに配置し、かくして子どもは土地に刻まれた全体図を他の人たちと分かちあうことになる。

　最後に、場とは必然的に歴史の場である。アイデンティティと関係とを結びあわせ、かつ最低限の持続性をもつものとして場を定義するならば、そういえる。住人がそこに印をみいだす限り、歴史的であるのだ。その印が知的対象である必要はない。人類学の場が住人にとって歴史的であるかどうかは、そこが学問としての歴史にはあてはまらないというまさにその点にかかっているのだ。先祖がつくったこの場は（「わたしには好ましい　わが父祖の建てた家が」[4]〔デュ・ベレー『哀悼詩集』ソネット31〕）また逝ったばかりの死者たちが残した印で満ちあふれていて、この印を結び合わせ読み解かなくてはならない。そして儀式に関する厳密な暦にそって、定期的にこの印がもつ守護力は目覚め、新たなものになるのだ。こうした人類学の場は、ピエール・ノラの言う「記憶の場」の対極にある。「記憶の場」とは、ノラがいみじくも記す通り、私たちが失った姿のイメージを、すなわち私たちとの違いを知る場であるからだ。人類学の場に属す住人は、歴史を生きるのであって、歴史を学ぶのではない。この歴史に対するあり方の違いは、たとえば私と同世代のフランス人にはとりわけよく分かるのではないだろうか。私たちの世代は一九四〇年代を生き、そして自分たちの村(そこで休暇を過ごしただけにせよ)では、聖体の祝日や豊作祈願に立ち会い、かくかくしかじかの守護聖人の日を祝った。こうした土地ゆかりの聖人は、ふだんは人気のない礼拝堂の隅にひっそりと置かれていた。私たちの世代が歴史に対する態度の違いに敏感であるのは、こうした礼拝の行進や儀式がなくなったとき、その記憶は、その他の子ども時代の思い出とは違って、過ぎゆく時や変わりゆく人を思い出させるだけではないからだ。儀式は本当に姿を消したというよりむしろ、姿を変えたのだ。夏に昔ながらの麦打ちを復活させるのと同じように、昔に戻るために、いまでもときどき祝日は祝われる。礼拝堂は修復され、コンサートや劇が催される。こうした演出を目にすると、古くからの土地の住人たちは、困惑した笑みを浮かべるか、「昔はよかった」という感想を口にせずにはいられない。自分たちが日々生きてきたと信じる場を、そうした演出は遠くから映し出し、いまや歴史の断片としてその場を観るようにしむけるからだ。こうして住人たちは自分を眺める観客となり、慣れ親しんだものを外から眺める旅行客となる。現にいま継続して生きている空間は、かつて生きた場所ではなくなった。その空間が客観的に示す変化を、住人たちはノスタルジーのせいにも、気まぐれな記憶のせいにもできはしない。

当然、人類学の場が知的にどのように位置づけられるのかは、定かではない。人類学の場とは、そこに住むものが土地と結ぶ関係について、あるいは近親者や他者と結ぶ関係について抱く概念にすぎず、実体化されたとしても部分的である。この概念は未完成かもしれないし、神話の形をとることもありえる。ひとりひとりがどの観点をとるか、どの地位にいるかによって変わるのだ。それでも、人類学の場という概念によって、一連の印が与えられ、あてがわれる。その印はおそらく野生の調和のそれでも、失われた楽園のそれでもない。しかし、ひとたび姿を消すと、その不在を埋めることは容易ではないのである。民族学者についていえば、観察対象である人々が土地に刻む歩みのなかでも、外界との関係の巧みな統制、禁域、人間における神性の内在性、意味の類似や記号の必要性などを意味するものすべてに敏感になりやすい。なぜなら、民族学者は自らのうちにこうしたものをイメージし、それらを必要としているからだ。

人類学の場はどう定義できるのか、少しくこだわって考えてみれば、人類学の場とは第一に幾何学的であることが確認できるだろう。人類学の場は、三つのシンプルな空間形態に設定することができる。それはいろいろな体制がそなえる装置にあてはまり、いわば社会空間の基本的形態をなす。三つの形態とは、幾何学用語でいう、直線・直線の交差・交点である。具体的にいうと、日常的に馴染みのある地理の世界では、「直線」にあたるのが、ある場から別の場へと続き、人々がたどる道路・要路・道という言葉だろう。「直線の交差」は、交差点や広場にあたる。ここで人は交差し、出会い、集まる。市場などが特にそうだが、経済交流の必要にこたえるために、こうした場所は往々にして非常に大きな規模でかたどられる。最後の「交点」にあてはまるのは、宗教的なものや政治的なものなどを祀る中心地だ。特定の人々が建設し、そうすることによって空間や境界を画定するのである。その中心を越えれば、よその中心とよその空間によって、よその人々がよその人々として定義されることになる。

道路と交差点と中心地はしかし、完全に独立した概念ではない。それは、部分的に重なり合っている。それぞれが集合の場である異なる要衝を、一本の道路が通過することもありえるし、道路上の定点になり、標識の役目を果たす市場もある。市場それ自体が引力の中心である場合は、市場が催される場所に（神を祀る祭壇や君主の宮殿といった）モニュメントがあり、別の社会的空間の中心を表わしているかもしれない。このように空間が重なることについては、制度がもつ複雑さもいくらか関わりがある。市場が大きければ、何らかの形で政治による統制が必要になる。そうした市場は、契約が遵守され、宗教的な手続きか、法的な手続きによってさまざまに保証されてはじめて成立する。そこはたとえば休戦の場であったりする。道路はといえば、いくつかの境界や境目を過ぎる。境界がどのように機能するかはもちろん自明の理ではなく、たとえばお金や儀式的な貢ぎ物が必要とされることもある。

以上の三つのシンプルな形態はしかし、政治や経済に関わる大空間だけの特徴ではない。村や家庭といった空間をも画定するのである。ジャン゠ピエール・ヴェルナン〔一九一四〜二〇〇七年。フランスの人類学者・歴史学者。古代ギリシア研究のアプローチを刷新した〕は、著書『ギリシア人の神話と思考』(5)において、ヘスティアとヘルメスという対がそれぞれ何をどのように象徴するのかを見事に示した。ヘスティアは家の中心に位置する丸いかまどを象徴する。すなわち、自らのうちにこもった集団の閉じた空間を示し、ある意味では自己に対する関係をあらわしている。一方でヘルメスは閾と扉の神であるだけでなく、交差点と都市への入り口を司る神でもあり、移動と他者への関係を表わすのである。昔から人類学が研究してきたあらゆる空間装置の中心には、アイデンティティがあり、そして関係があるのだ。

歴史も同じである。というのも空間に刻まれる関係はすべてまた時間にも刻まれるからで、先に述べたシンプルな空間形態は時間においてのみ、時間によってのみ具体化されるのだ。第一に、この三つの空間形態の実態は、歴史に含まれる。アフリカでは、他の多くの場所でそうであるように、村々や王国の起源譚は、たいてい最終的な樹立にいたるまでにたどった道と、途上のさまざまな滞留地を記したものだ。同様に、市場や政治の中心地にも歴史がある。あるものは興り、あるものは消えていく。新たな神を獲得したり、創造したりすることにも月日が刻まれるように、祭礼や聖地も、そして市場や政治の中心地も例外ではない。それが永続しようが、伝播しようが、消滅しようが、発展したり後退したりするまさにその空間は、歴史的な空間なのである。

しかしそうした空間がもつ時間の物理的次元をこそ、指摘せねばならない。道のりは歩行時間や日数で測られる。この点からいうと、市場が開かれる場所にはある程度の日数しかない。西アフリカにおいては、交換が行われる地域はすぐに分かる。その地域のなかで、一週間ごとに、市場の開催地と開催日が順番にめぐっていくのだ。祭礼や政治上の集いにあてられる場所がこのように特別なものとなる日数は限られていて、たいてい日にちが決まっている。一方、通過儀礼や豊作祈願は、定期的に行われる。というのも暦は、宗教的なものも社会的なものも、通常、農事暦にならうからだ。つまり儀式の集中する場所の聖性は、交互にめぐるものであるといえるかもしれない。これが、特定の場所に対して記憶がうまれ、聖性の強まる条件である。デュルケムは『宗教生活の原初形態』において、聖なるものという概念には、過去に遡る性質があると考えた。その性質自体は、祝祭や儀式が代わる代わるめぐるという特徴に由来する。デュルケムの目にはユダヤ教の過越祭も退役軍人の集いも、いずれも「宗教的」あるいは「聖なるもの」と映る。それはどちらの場合も、参加する人たちひとりひとりが、自らが所属する集団を意識するだけでなく、それまでに行われた儀式を思い出す機会であるからなのだ。

モニュメントという語は、そのラテン語源（*monumentum*）が示す通り、永続性とまでは言わなくとも継続性の明確な表現である。そのときどきの偶発事に左右されないように、神には祭壇が、君主には宮殿と玉座が必要だ。それがあれば人々は代々続いていくと考えることができるようになる。アフリカの伝統的な疾病分類学によれば、病気の原因は神の怒りにあることになる。祭壇を建立した者の後継者が、祭壇をないがしろにしているのを神が見とがめるという解釈だが、ここからもモニュメントの意味が分かる。もしもモニュメントに抱く幻想がなかったとしたら、生者にとって歴史とは一個の抽象でしかないだろう。社会的空間には、特に実用性のないモニュメントがそそりたつ。堂々たる建築物であったり、土作りのささやかな祭壇であったりするが、そうしたモニュメントの大多数について、以前から存在し、これからも残るだろうと各人が納得しているはずだ。奇妙なことに、空間のなかに生まれる一連の断絶や不連続性が、時間の継続性をかたどるのである。

空間建築にこうした呪術的効果があるのは、人間の身体それ自身が、ある量の空間を占めているととらえられるからかもしれない。人間の身体は境界で区切られ、生命の中心をそなえ、防御活動もすれば弱点もあり、鎧もつけるが欠陥もある。少なくとも想像のうえでは(とはいえ数多の文化において想像力と社会的シンボルとは一緒くたにされているのだが)、身体は複合的で階層化され、外部に囲まれることのある空間である。人間の身体になぞらえて領土を考える例がある一方、人間の身体はたいていい領土として考えられる。たとえば西アフリカでは、人格の構成要素はトポグラフィという言葉でとらえる。フロイトの局所論《トポグラフィ》を思わせるが、物質性のある実体として人格を考え、この言葉をあてはめるのである。たとえばアカン文明（現在のガーナとコートジボワール）においては、二つの「層」が各個人の心的現象を決める。二層の存在に物質的側面があるのを証明するのは、直接的には、二層のうちの一層が身体の背負う影に同化するという事実であり、間接的には、身体の衰弱は、二層のうちの一層が弱るか、身体から去ってしまうことに起因するという事実である。二層が完璧に一致している状態を健康という。反対に誰かを突然起こすとその人を殺してしまうかもしれない。なぜなら、二層のうちの一層が夜の間さまよっているので、身体に戻るのが目覚めに間に合わない危険性があるのだ。

内蔵や身体の特定の部位（腰、頭、足の親指）は自律していると考えられることが多い。時には祖先の宿る場所といわれ、それゆえ特別な信仰の対象であるが、かくして身体は信仰の場の集合になるのだ。塗油や清めをする部位もある。したがって、先述した空間建築の呪術的効果は、人間の身体そのものに働いているのである。夢の行程は、中心であるところの身体から遠くへ離れすぎてしまうため危険なものとなる。中心にある身体はまた、祖先を記念する要素が集まり出会う身体であり、この集合にはモニュメントと同じ意味がある。集合する要素は、束の間の覆いにすぎない肉体よりも前から存在し、後も生きながらえるからだ。場合によっては、遺体をミイラにしたり、墓を建てたりすることによって、死後に肉体が完全にモニュメントへと変容することもある。

以上の通り、シンプルな空間形態に着目すれば、個人というテーマ群と集団というテーマ群とが交差し、結合することが分かる。政治における象徴体系は、こうした手段を利用し、君主の像の下に、社会集団の内にある多様性をひとつにまとめ、象徴化する権威の力を示すものだ。多重化する身体であるとして、王の身体を他の身体から区別することによって目的を達することもある。王が二重の身体を有するという主題はアフリカでは極めて真っ当なものである。たとえば、現在のコートジボワールにあたるサンウィのアグニ人の君主には、分身がある。もともとは奴隷であり、エカラと呼ばれたが、この名前は先述した二つの構成要素あるいは二層のうちのひとつの名にちなむ。二つの身体と二つのエカラ（自らのそれと奴隷エカラのそれ）をそなえたアグニ人の君主の守りは効果覿面《てきめん》である。奴隷の身体である分身が、王その人を狙った攻撃はどんなものでも阻止するのだ。防御の務めに失敗した場合、当然、王のエカラは王とともに死ぬ。一方、王の身体の二重化よりも目をひき、証拠がそろっているものがある。それは君主の権威がとどまる空間の集中化および凝縮化である。次はこの事象に注目してみよう。ほぼ必ず君主には住居が与えられ、そのうえほとんど移動は許されず、何時間かは玉座にさらされ事物として臣下にお披露目される運命にある。この受動性と重厚感にフレイザー〔一八五四〜一九四一年。イギリスの人類学者・民俗学者・古典学者。代表的な著作に『金枝篇』がある〕は感銘を受けたのである。そしてフレイザーの研究を通して、デュルケムは、古代メキシコ、アフリカのベナン湾、あるいは日本といった、時間も空間も遠く隔てた王権の間に共通点を見いだした。こうしたあらゆるケースにおいて、ことに目をひくのは、（玉座や王冠といった）事物あるいは他の人間の身体が、時として君主の身体と交換可能であるということだ。王国の中心を固定化するために、君主の身体は石のごとく動じぬ運命にあるが、交換を可能にして、中心が果たす機能を確かなものとするのである。

こうした不動性とせまい境界のうちに君主の姿が据えられるが、これらは文字通り中心を構成する要素である。王朝が長続きすれば中心は強化され、社会的身体がもつ内なる多様性に秩序を与え統一する。権力と、それが行使される場所とを同一視すること、あるいは権力と、それを代表する者が住むモニュメントとを同一視することは、近代国家における政治的言説では

料金受取人払郵便

網島郵便局
承　認
2149

差出有効期間
2024年4月
30日まで
(切手不要)

郵便はがき

223-8790

神奈川県横浜市港北区新吉田東
1-77-17

水声社 行

御氏名(ふりがな)	性別 男・女	年齢 才
御住所(郵便番号)		
御職業	御専攻	
御購読の新聞・雑誌等		
御買上書店名	書店	県 市 区　町

読　者　カ　ー　ド

お求めの本のタイトル

お求めの動機

1. 新聞・雑誌等の広告をみて（掲載紙誌名　　　　　　　　　　　）
2. 書評を読んで（掲載紙誌名　　　　　　　　　　　）
3. 書店で実物をみて　　　　4. 人にすすめられて
5. ダイレクトメールを読んで　　　　6. その他（　　　　　　　　　）

本書についてのご感想（内容、造本等）、編集部へのご意見、ご希望等

注文書（ご注文いただく場合のみ、書名と冊数をご記入下さい）

[書名]	[冊数]
	冊
	冊
	冊
	冊

e-mailで直接ご注文いただく場合は《eigyo-bu@suiseisha.net》へ、
ブッククラブについてのお問い合わせは《comet-bc@suiseisha.net》へ
ご連絡下さい。

定型になっている。ホワイトハウスおよびクレムリンは、それを名指す者にとって、モニュメントの場であり、権力者であり、権力構造である。換喩《メトニミー》を使い続けた結果、いまでは国を指すときに当たり前のように首都の名を使うし、首都を指すときには政府のある建物の名前を使うのである。政治言語は当然、空間に関わるものである（右派と左派という言葉だけをとってみてもそうだ）。おそらく統一性と多様性とを同時に考える必要があるからだろう。求心性とは、この知性に課された相反する二重の制約を表わす語である。何よりも具体性に富み、精彩があり、ふさわしい表現といえる。

　道、交差、中心、モニュメントといった概念は、伝統的な人類学の場を描写するのに役立つだけではない。現代フランスの空間、とりわけ都市空間をある程度説明するものでもある。定義からすれば、こうした概念は比較のための基準である。しかし逆説的に、都市空間を特殊なものとして特徴づけることもできるのだ。

　フランスはよく中央集権国家であるといわれる。少なくとも一七世紀以降、政治の面でフランスは中央集権国家である。近年、地方分権をにらんだ努力がなされているが、行政面でも中央集権国家のままである（フランス革命の理想ははじめ、純粋な幾何学モデルに厳密にしたがって行政区を分けることであった)。フランス人の頭のなかでもフランスは中央集権国家のままであり、これは道路と鉄道交通網によるところが大きい。少なくともはじめのうちは、道路も鉄道も、パリを中心にした二つのネットワークとして構想されたのである。

正確を期するために、明確にしておかねばならないことがある。世界中どこの首都も、パリほど中心に据えられることもなければ、フランス中どこの都市も、さまざまなレベルで地方の中心たらんと欲せぬ都市はない。何年も何世紀もかけて、フランスの都市はモニュメントとなる中心を築き(「中心街」といわれるものだ)、それは中心への欲求を具体化すると同時に象徴してもいる。どんなに小さい都市も、フランスの都市であれば、あるいは村でさえ、必ず「中心街」をそなえていて、そこにはかたや宗教的権威を象徴するモニュメント(教会)が、かたや非宗教的な権威を表わすモニュメント(役場、郡庁、主要都市であれば県庁)が肩を並べる。教会(フランスの地方では大多数がカトリックである)は広場に位置し、たいていそこに都市を横断する道が通っている。役場は独自の空間を仕切っていて、教会広場の横に役場前広場があることもあるが、いずれにせよ必ず遠くないところに役場がある。中心街にはまた、これもまた教会と役場の近隣に、死者を記念するモニュメントが建立された。このモニュメントは政教分離の発想に基づいており、信仰の場であるとは言えないが、歴史的意味のあるモニュメントである（二つの世界大戦の戦死者にささげるオマージュであり、名前が刻印されている）。いくつかの記念日、とりわけ一一月一一日〔第一次世界大戦休戦記念日〕には、文民当局と場合によっては軍当局が、祖国のために斃《たお》れた人々が払った犠牲を、そこで称えるのである。これがいわゆる「記念行事」であり、デュルケムが宗教的事実について提唱した拡大された定義、つまりそれを社会的事実〔社会学固有の研究対象である、個人に外在し拘束を課すもの〕とする定義に合致する。おそらく、かつて生者と死者との間にあった親密さが、もっと日常的に示された場所で行われるという点に、こうした記念行事の利点はあるのだろう。いくつかの村には、社会生活が活発に営まれる街のど真ん中で、墓地が教会を囲むという、中世の構図の跡がのこっている。

たしかに中心街は活動の場である。（ジロドゥー〔一八八二～一九四四年。フランスの劇作家・小説家・外交官〕やジュール・ロマン〔一八八五～一九七二年。フランスの詩人・小説家・劇作家〕といった作家たちが二〇世紀前半に文学作品で形を与えた）地方都市や村の伝統的イメージにおいて、また第三共和制のもとで展開され、現在においても大多数がそのまま示される都市や村の姿において、カフェやホテルや商店が集められ、その傍に市場の開かれる広場があり、あるいは教会前広場と市場が同じ場所にある。そこが中心街なのである。毎週定期的に（日曜日と市場のたつ日に）中心街は「活気づく」。科学至上主義かつ政策断行主義に支えられた都市計画からうまれた新興都市に向けられる批判のうちで多いのは、時間の流れがゆるやかな昔ながらの歴史がうみだす生活の場に代わるものを提供しないというものだ。昔ながらの生活の場では、ひとつひとつの道が交差し、まざり、言葉が交わされ、孤独をしばし忘れる。教会の入り口で、役場の入り口で、カフェのカウンターで、パン屋の入り口で。ややけだるいリズムとおしゃべりな雰囲気とがフランス地方都市の同時代の現実なのである。

以上のようなフランスは、ひとつのまとまりとして定義できよう。程度の差こそあれ、それぞれ大切な中心の集まりである。そうした中心はさまざまな規模の地方の行政、祭り、商業活動を一手にひきうける。どのように道を組織するのかという問題、つまり道路システムは、中心と中心とを、実に密なネットワークで結び、（国レベルで重要な中心同士の間は）国道が、（県レベルで重要な中心同士の間は）県道がはりめぐらされるが、これをみれば、この国には複数の中心があり、階層化されているということが分かる。道路に一定の間隔でならぶキロメートル標石にはかつて、もっとも近くにある集落までの距離と、道路が向かう最初の重要都市までの距離とが刻まれていた。今日では、こうした表示はもっと読みやすい大きな標識に認められる。過密化し高速化した交通に対応しているのだ。

フランスの集落ならどこでも、意味のある空間をもつ中心たらんと、少なくとも特別な働きをする中心たらんと欲する。リヨンは主要都市であるが、居並ぶタイトルのなかでも、「美食の首都」であると主張し、ティエールのように小さな都市は「刃物産業の首都」を自称し、一大市場町であるディゴワンは「陶器の首都」を名乗り、ジャンゼのように大きな村は「放し飼い鶏のふるさと」を宣言する。これらの栄えあるタイトルは今日では姉妹都市として連携するヨーロッパの都市や村の名前と一緒に、集落の入り口に飾られている。姉妹都市の表示は、新しいヨーロッパの経済空間へと統合され、近代的であることの証である。一方、別の表示（標識）には、土地の名所旧跡の詳しい説明がある。一四、五世紀に建てられた礼拝堂、城、巨石群、工芸品やレースや陶器の博物館などだ。あたかも二つでバランスがとれるかのごとく、歴史の厚みをいいたてたかと思えば、いかに外部に開かれているかを主張するわけだ。都市も村も、近年に成立したのではない所はみな、歴史があると主張し、通りすがりのドライバーに、名刺代わりのひとそろいの標識で歴史を紹介するのである。そうやって歴史的背景を説明する行為は、実はここ最近の傾向で、空間の再編（バイパスや集落を通らない高速道路の建設）と時を同じくしてはじまった。空間の再編によって反対に、歴史を証明するモニュメントは避けられ、歴史的背景は無視されるようになるのだ。土地の歴史紹介は通りすがりの人や観光客を誘いこむ努力であると考えて間違いはない。しかし、そこに何がしかの実効性があると確定できるとすれば、歴史への興味や土地に根ざしたアイデンティティへの関心と結びついた場合のみである。まごうことなく、最近二〇年は、こうした関心こそが、フランス人に特徴的な傾向である。本物の証としてひきあいにだされる歴史あるモニュメントは、風景が示す現在の姿と、モニュメントが暗示する過去との間に落差があるのだから、それ自体が興味をそそるはずだ。過去を暗示すれば、現在が複雑になる。

さらにいっておかねばならないが、通りの名で呼ぶことによって、フランスの都市や村の空間では、歴史という次元が最低限でも常に存在感を放つ。通りや広場は昔、何かを記念するきっかけであった。なるほど伝統的に何らかのモニュメントが、そこにいたる通りや、それが建てられた広場の名前の由来になることはある。冗長な印象だが、そこに魅力もなくはない。たとえば「駅前通り」、「劇場通り」、「役場前広場」は数限りなくある。しかしほとんどの場合、国やその地方の名士や、あるいはまたフランス史上の大事件にちなんで、都市や村の大通りは名づけられるのである。したがって、パリのような主要都市の通りの名前すべてに注釈をつけることにでもなれば、フランス全史を一からもう一度、ウェルキンゲトリクス〔?～紀元前四六年。ガリア人の族長でユリウス・カエサル率いるローマ軍と戦った〕からド・ゴールまでたどらなければならないだろう。定期的にメトロを利用する人、そしてパリの地下に慣れ、通りや地上のモニュメントを思わせる駅名に親しむ人は、日常生活のなかで自動的に歴史の中にもぐりこんでいるのである。この経験がパリの街を歩く人の特徴であり、歴史事項であるのと同じかそれ以上に、アレジアやバスティーユやソルフェリノは空間上の目印であるのだ。

　かくしてフランスの道と交差点は、自らの洗礼名によって歴史にひたされる限りにおいて、（証言と記憶という意味の）「モニュメント」になっていく。このようにたえず歴史をたどれば、道路という概念と、交差点という概念と、モニュメントという概念とを突き合わせることが多くなる。それが顕著なのが都市（とりわけパリ）であり、歴史的背景を示すものの量がいっそう多くある。パリの中心はひとつではない。道路標識には、エッフェル塔のイラストで示されることもあるし、「パリ－ノートル・ダム寺院」と記載されることもある。この記載は歴史上パリの元の核であったシテ島を暗示しているが、二手に分かれるセーヌ河に挟まれたシテ島は、エッフェル塔から数キロメートルは離れている。したがってパリには複数の中心があるのだ。行政地図上にある曖昧さがうまれ、私たちの政治生活においていつも問題となることは指摘しておくべきであろう（ここから中央集権体制の度合いもよく分かる）。つまりパリは二〇区に分割された都市であると同時に、フランスの首都でもあるということだ。パリジャンには自分たちがフランスの歴史をつくっていると思える機会が一度ならずあった。この確信は一七八九年の記憶に根ざしていて、時には国家権力や地方権力との間に軋轢をうんできた。一七九五年から近年にいたるまで、二月革命時の短期間の例外を除いて、パリには市長がいなかったが、首都は二〇区に分割され、二〇の区役所はセーヌ県知事および警察庁長官の管轄下にあった。パリ市議会が開かれたのはようやく一八三四年のことである。数年前〔一九七七年〕に首都の地位を変更し、ジャック・シラクがパリ市長になったとき、政界の一部で交わされた議論の的は、このポストをシラクが共和国大統領になるステップにするのではないかという問題であった。フランス人の六人に一人を擁する都市とはいえ、一都市のマネージメントそれ自体が目的になりうるなどと、本当に信じる者はいなかったのである。パリには官邸が三つ（エリゼ宮、マティニョン館、パリ市庁舎）あり、それぞれの機能はたしかに別々であるが、その区別の仕方には大きな問題がある。さらにこの三つの他に、重要性の点でならぶモニュメントを少なくとも二つ、つまり（上院のある）リュクサンブール宮と（下院のある）国民議会とを加えなくてはならない。こうした官邸の存在からもよく分かるが、地理に関するメタファーがフランスの政治生活を手短かに要約できるのは、政治が中央集権化されており、権力や機能を分割しながらも、常に中心の中心を定義するか、もしくはそれと認めようという願いが切実であるからだ。すべてが中心からはじまり、そこへと戻るだろう。権力の中心がエリゼ宮〔大統領官邸〕からマティニョン館〔首相官邸〕に移行するのか、マティニョン館から（憲法評議会のある）パレ・ロワイヤルに移行するのかといぶかしむようなとき、明らかにそれは単なるメタファーの問題ではない。そして私たちはこのように問うこともできるのかもしれない。フランスにおける民主主義が常に緊張感と動揺をはらむのは、政治の理想と政府のモデルとの間にある対立関係に原因の一端があるのではないか。理論上、多数決によるバランスのとれた民主主義という政治の理想に誰もが同意する。一方、政府のモデルは知識人層のモデルをもとに成立し、地理と政治とが決定する歴史の産物である。このモデルは政治の理想とは両立しがたいうえに、フランス人に土台を再考するよう促し、中心を再定義するよう求めるのである。

地理の面からすれば、そしてパリジャンのうち少数派となった、ぶらぶら散歩する時間をまだもてる人々からすれば、バトー・ムーシュ〔セーヌ河の遊覧船〕がのぼりくだりし、パリの歴史的・政治的モニュメントのほとんどを眺められるセーヌ川という道が、パリの中心となりえよう。一方で他の中心はモニュメントのある広場や交差点であることもありえるし（エトワール広場やコンコルド広場）、あるいはまたモニュメントそのものでもありえるし（オペラ座やマドレーヌ教会）、あるいはまた中心へと続く入り口でもありえる（オペラ座大通り、ラ・ペ通り、シャンゼリゼ大通り）。まるでパリではあらゆるものが中心でありモニュメントになるかのようだ。実際いまではそうした面もなくはない。その一方で、それぞれの区の個性がぼやけていく。かつてはそれぞれの区に特徴があったではないか。パリを歌うシャンソンの決まり文句には根拠がないわけではなく、現在でも二〇ある区を微細に描写することはできるにちがいない。そして各区の特色と、アメリカの人類学者が用いた意味での各区が育む「パーソナリティ〔文化が与える心理的特性。一九四〇年代にアメリカで盛んに研究された〕」を詳しく描けるだろう。それだけではなく、二〇の区の変容と人口の移動もまた記述できるはずだ。人口の移動によって民族構成と社会構成が変化したのだ。レオ・

マレ〔一九〇九～一九九六年。フランスの小説家・詩人。パリを舞台にした推理小説を数多く著した〕の推理小説の舞台の多くは、一四区や一五区に設定されていて、一九五〇年代をなつかしく偲ばせるが、現代にもまったく通用しないというわけではない。

とはいえ、パリで働く人の数は相変わらず多いが、住む人の数はどんどん減っていて、この移動は、フランスのもっと大きな転換のきざしである。私たちの景色につきまとう歴史との関係は、もしかしたら美化されつつあり、同時に社会性を失い、人工的なものになっているのかもしれない。たしかに私たちは、ユーグ＝カペー朝の記念行事にのぞむのと同じ気持ちでフランス革命の節目を祝う。過去をいろどる出来事の解釈は対立しても、異なる立場から、冷静に共通の過去に向き合うことができることに変わりはない。一方で、マルロー以来、フランスの都市は博物館（装いを新たにしライトアップされ展示されるモニュメント、文化財に指定された地区、歩行者天国）になる一方、その間にバイパスやハイウェイや高速鉄道や高速道路ができたために、私たちは都市を通らないようになっている。

しかし都市を素通りすることには、良心の呵責がともなう。それを証明するように、多くの標識がすばらしい土地と歴史の跡を見すごさないように私たちを誘う。かくして対照的な光景がうまれる。旧跡を訪れるように誘う看板がたてられるのは、都市の入り口だったり、団地内、工業地帯、スーパーの陰気な空間のなかである。あるいは高速道路沿いには、関心をひきそうな土地の名所の情報があふれている。しかし私たちは通りすぎるのみである。現代において、昔の時間と場とを暗示することは、まるで現在の空間を語る方法のひとつにすぎないかのようだ。

場所から非−場所へ

現在のうちに過去があること、現在が過去を超えつつ過去を求めること。ジャン・スタロバンスキー〔一九二〇年〜。スイスの批評家〕は、この二つが両立することにこそ、近代性の本質があると考える。近年（一九九〇年）発表された論文[1]に、この点に関する指摘がある。芸術において近代性を体現する作家たちは自ら、「絵画や行動や思考や追憶が事実上無限に交差するポリフォニーを可能にした。それを支えるのは、現世の日に時を告げ、古来の典礼が治めた（そしていまも続くかもしれない）場所をしるす、低音部の進行である[2]」。スタロバンスキーは、「われ神の祭壇にのぼらん[3]（*Introibo ad altare Dei*）」という典礼の祈祷文がでてくる、ジョイスの『ユリシーズ』

から最初の数ページを例にあげる。あるいはコンブレーの教会の鐘楼のまわりで、時刻が輪舞し、「ブルジョワの二つとないゆったりした一日(4)(……)」のリズムを整える、『失われた時を求めて』をひく。あるいはクロード・シモンの『歴史』をとりあげる。「キリスト教学校の思い出、朝のラテン語による祈り、正午の祝福の祈り、夕べのお告げの祈りが、風景やきれぎれになった構想や、あらゆる種類の引用のなかで、目印になる。こうしたものたちは、生きてきた時間や、想像や、過去の歴史からでてきて、めちゃくちゃに増殖していき、真ん中には秘密があるのだ(5)(……)」。この「前近代の名残は継続する時間に形を与えており、そこから解放されたまさにそのときにも、それを忘れはしないということを、近代の作家であるシモンは示そうとした」のだが、それは同時にまた、ある世界がそなえる特殊な空間の形でもある。ジャック・ル・ゴフは、その世界が中世以来どのように築き上げられてきたかを示してみせた。教会とその鐘楼を囲み、風景に中心を与えなおし、時間をあらためて整えて、その世界では風景と時間とが両立したのである。スタロバンスキーの論考が、ボードレールの詩を論のきっかけに引用する意図は明白だ。引用された「パリ情景」の最初の詩においては、

（……）歌ったりしゃべったりする町工場を。
煙出しだの、鐘楼だの、これら、都会の帆柱を、
はたまた永遠を夢見させる大きな空(6)

を、近代性の情景が、ひとつに集めるのだ。

古代の場とリズムとを喚起するために、スタロバンスキーが用いる「低音部の進行」という表現は重要である。古代の場もリズムも、近代性によって消えるのではなくて、背景にひきさがるのだ。過ぎ去っては姿を現わす時間の指標のようなものである。古代の場とリズムとを表現し、これからも表現し続ける語群と同様に、それ自体も永続する。芸術における近代性は、空間や言葉のなかに定着した場の時間性をそのまますべて保存するのである。

時間の輪舞と風景の優れた特質の影には、語と言語とが確かにある。「古来の儀式」である典礼で使う専門用語と、「歌いしゃべる」町工場で使う専門用語は対照的だ。同じ言語を話し、同じ世界に属していると認識する人々が使う語というのもまたある。話し手同士は、親しさゆえ暗黙のうちに了解したり示し合わせたりして、いくつかの合い言葉をさりげなく交換するこ

とによって、言葉によって、場は完結する。ヴァンサン・デコンブ〔一九四三年〜。フランスの哲学者〕は、プルーストにおけるフランソワーズという人物について、「レトリックの」領域を規定し分ち合うと書いている。(7)フランソワーズの理屈についていける人や、アフォリズムや語彙や立論の仕方が「コスモロジー」を構成する人全員とそれを分ち合うのだ。『失われた時を求めて』の語り手は、このコスモロジーを「コンブレーの哲学」と呼ぶ。

場所とは、アイデンティティを構築し、関係を結び、歴史をそなえるものであると定義できるならば、アイデンティティを構築するとも、関係を結ぶとも、歴史をそなえるとも定義することのできない空間が、非‐場所《ノン・リュー》ということになるだろう。ここで主張する仮説は、スーパーモダニティが数々の非‐場所をうむということだ。非‐場所、すなわちそれ自体は人類学の場ではなく、ボードレール的な近代性に反して、古代の場を含まない。収集され分類され、「記憶の場」に格上げされ、近代性のなかで、一線を画した特別な位置を占める古代の場をとりこまない空間なのだ。人が診療所で生まれ、病院で死ぬ世界。贅沢な、あるいは非人間的な環境の中継地点や一時的な居住場所（ホテルチェーンと不法占拠された建物、リゾートクラブ、難民キャンプ、あるいはいまにも壊れそうで、朽ちながらも永続する運命にあるスラム街）が増える世界。居住スペースでもある交通手段の密なネットワークが発達する世界。大型スーパー、自動販売機、クレジットカードの常連が、無言の身振り手振りの商行為と通じ合う世界。こうした孤独な個人主義や、通りすがりの一時的なものや、はかないものを約束された世界は、他の学問と同様に、人類学にも新しい対象を提供する。その未知なるものの大きさをはかってから、その世界をどのように見ることができるのかを問うべきだ。付け加えれば、当然このような非‐場所にも、場所と同じことが言えるだろう。非‐場所は純粋な形で存在するのではない。そこでは複数の場が組み直され、関係が再構成される。ミシェル・ド・セルトーがあれほど精緻な分析をしてみせた「日常の発明」と「技芸《アール》」による「千年の狡智」が、そこに道をひらき、戦略を展開するかもしれない。どちらかといえば、場所と非‐場所はとらえがたい二極をなしている。場所は決してそのすべてが消えることはない。非‐場所は完全に完成することがなく、アイデンティティと関係とが絡まりあう戯れが、たえず書き込まれる羊皮紙《パランプセスト》のようだ。一方で非‐場所は、時代の尺度でもある。その尺度で量をはかることができる。面積と容積と距離を変換し、次のような要素を加えていくのだ。空路・鉄道・自動車道そして移動する居住空間である(飛行機、列車、バスなどの)いわゆる「交通手段」、空港、駅、宇宙ステーション、大ホテルチェーン、遊園地、大型販売店、そして最後に、地球外の空間を動員する、複雑にもつれあったケーブル・ネットワーク、あるいはワイヤレス・ネットワーク。このネットワークの目指すところは、奇妙なコミュニケーションであり、個人がこれによって接触するのは、もうひとつの自分自身のイメージでしかないということがまま起こるのだ。

場所と非‐場所とを区別するには、場と空間とを対照させる必要がある。ところで、ミシェル・ド・セルトーは場の概念と空間の概念について分析してみせたが、ここではそれを前提としなければならない。「場所」と「非‐場所」の場合とは異なり、セルトーが「場所」と「空間」とを対照させることはない。セルトーによれば、空間とは「実践された場所」[8]であり、「動くものの交錯するところ」[9]である。すなわち都市工学が幾何学的に場と決めた通りを空間に変容させるのは、歩行者なのだ。このようにある体系において同時に存在する要素が集合したものとしての場と、動くものが移動することによって、場所に命がふきこまれたものとしての空間とを並行させるやり方には、複数の文献が呼応しており、空間や場といった語が詳しく説明される。セルトーがまず参照するのは、メルロ＝ポンティである。[10]『知覚の現象学』において、メルロ＝ポンティは「幾何学的」空間と、「実存的」空間としての「人間学的」空間とを区別する。それは本質的に「環境との関わりのうちに」状況づけられている存在が、世界との関わりあいを経験する場である。第二の参照項は言葉と発話行為である。「空間と場所の関係は、語とそれが実際に話されるときの状態にひきくらべてみることができるだろう。つまりそのとき語は、それが口にされる情況の曖昧さをひきずっており、多様な社会慣習にそまったことば《ターム》に変わり、ある一定の現在（またはある一定の時間）における行為として発せられ、前後につづくものによって転換させられ変容させられている」[11]。ここから第三の参照項が生まれ、たえず「場所を空間に、空間を場所に転換させる」[12]働きとして物語を特権化する。当然「なすこと」と「みること」が区別されるようになる。この区別は日常用語から見当がつく。（「〜がある」という表現に見られるように）それぞれの図を示すか、（「入って、通りぬけ、曲がりなさい」などの表現から分かるように）動きを組織化する。あるいは地図における指標からも分かる。もっぱら順路の跡と道順とを示す中世の地図からはじまり、「順路の叙述」が消え失せ、「もともとバラバラな要素」に基づいて地理学的知の「状態」[13]を示す、近世の地図にいたるまでそうだ。そして物語はと言えば、特に旅行記は「なすこと」と「みること」という二重の必要性に折り合いをつける（「歩みと身ぶりのたどっていく筋《イストワール》」［話］には、ところどころにそれらが結果としてうみだす場所、またはその筋を権威づける場所の《引用》の標柱が立っているのである」[14])。一方で、物語は結局セルトーが「違反行為」と呼ぶところのものの領域にある。なぜなら物語は「横切り」、「侵犯し」、「状態に対して移動を優先」させるからだ[15]。

この段階にいたって、いくつかの用語を明確に定義する必要がある。私たちが定義する「場」は、セルトーが空間と対置する「場」とは完全に重なることはない。セルトーは幾何学的な形と動き、語られない語と語られた語、状態と移動とを対比する。私たちが定義する「場」とは、象徴的な意味が記入される場、人類学の場である。もちろん、その意味は動きだす必要があるし、場が活気づき、移動が行われる必要がある。そしてこの動きを説明するのに、「空間」という語を使ってはいけないということはまったくない。しかしそれは私たちの意図とは異なる。人類学の場という概念のうちには、そこで行われる移動や、そこでうまれる話や、それを特徴づける言葉も含まれる。そして空間という概念が今日使われる様子を見ると（宇宙征服について、しかも叙情的というよりも機能的に語るとき、あるいは新手の言葉遣いながら、ホテル業やレジャー業といった旅行業界ではすでに定番化した表現において、無名の場所あるいはほとんど無名の場所を、「レジャー空間」「スポーツ空間」「待ち合わせ場所」というように、最大限に修飾するか、あるいはあたりさわりなく表現するときなど）空間という概念はその特徴のなさゆえに、地球上の象徴化されていない土地に便利にあてはめられるようだ。

したがって、場所という象徴化された空間を、非－場所という象徴化されない空間に対置する誘惑にかられそうである。けれどもそれでは、いままでそうであったように、非－場所を否定的に定義しただけで満足することになってしまう。しかしミシェル・ド・セルトーが空間という概念について行った分析のおかげで、そうした定義は乗りこえることができるだろう。

「空間」という語それ自体が、「場」という語よりも抽象的である。「場（lieu）」という語を使えば少なくとも、出来事（起こった［a eu lieu］）や、神話（通り名のある場所［lieu-dit］）や、歴史（一大中心地［haut-lieu］）を示すことになる。それに対して「空間（espace）」という語は、広がりや、二つの物や二つの点の間の距離（囲いに使う杭の間には二メートルの「空間」をあける）や、時間の長さ（一週間の間に［en l'espace de］）に無差別にあてはめられる。したがって、すぐれて抽象的な語なのであり、それがほとんど意味の違いがないにもかかわらず、日常使われる語においても、現代を代表するいくつかの制度における特殊な言語においても、今では機械的に用いられるという点は重要である。『ラルース図解大辞典』は「領空

(espace aérien)」という語を特に強調するが、これは国家が航空交通を管理する空域を示すものだ（海域における同義語である領海［les eaux territoriales］よりも具体性に欠ける）。さらにこのラルース辞典には、「空間」という語の柔軟性を証明する例が他にもある。「ヨーロッパの司法空間」という表現において、国境という概念が暗示されてはいるが、それを考慮にいれなければ、ほとんど場所を限定されない制度および規範全体を意味するのだということが分かる。「広告スペース」という表現は、「さまざまなメディアにおいて広告をひきうけるようあてがわれた」一定の量の面積や時間に、分け隔てなくあてはまる。そして「空間の購入」という表現は「広告代理店が広告スペースにおいて行う操作」全体に用いられる。イベント会場や出会いの場（パリの「エスパス・カルダン」、ラ・ガシイの「エスパス・イヴ・ロシェ」）にも、庭（「緑の空間」）にも、飛行機の座席（「エスパス2000」）にも自動車（ルノーの「エスパス」）にもあてはめられる「空間《エスパス》」という語の流行が示すのは、現代につきまとうテーマ（広告、イメージ、レジャー、自由、移動）であると同時に、そうしたテーマを蝕み危険にさらす抽象化でもある。あたかも現代という空間の消費者たちは、何よりもまず言葉で満足するよう促されているかのようである。

空間を実践することとは、「幼児のことば無き歓びの体験を反復することだ。それは、場所のなかで、他者であること、そして他者に移行することなのである[16]」とミシェル・ド・セルトーはいう。幼児のことば無き歓びの体験とは、はじめて旅する体験であり、決定的な分化としての誕生の体験であり、自分自身そして他者として自己を認識する体験である。空間をはじめて実践する歩行という体験、それに自己像と初めて同一化する鏡という体験がそれをなぞる。どんな物語も幼児期に帰るのだ。「空間の物語」という表現を用いることによって、セルトーは場所を「横切り」「組織化する」物語について語ろうとしたのであり（「どんな物語も旅の物語である[17]」）、同時に物語を書くことによって生まれる場について語ろうとした（「（……）読むという行為も記号のシステムがつくりだした場所――書かれたもの――を実践化することによって空間をうみだすのである[18]」）。しかし本は読まれる前に書かれるものだ。ひとつの場をつくりあげる前に、複数の場所を通りすぎる。旅と同じように、旅を語る物語も複数の場所を横切るのだ。この場所の複数性、そこからいやおうなくまなざしや描写につきつけられる過剰（いかにしてすべてを見るべきか、いかにしてすべてを語るべきか）、そしてうまれる「とまどい」の感覚（たとえばその瞬間をとどめる写真に「ほらね、ここ、パンテオンの下にいるのは僕だ」とコメントした時には立ち直ってはいても、その場所にいる刹那には、「ここに何しに来たんだっけ」と驚きを感じることがある）。こうしたもののために、旅行者＝観客と、彼が歩き回り眺める風景に広がる空間との間に断絶がうまれ、彼はそこにひとつの場をみることができず、そこに自らを十全に認めることもできない。観光ガイドブックや、あるいは旅行記が教えてくれる多様かつ詳細な情報によってこの穴を埋めようとしても同じことである。

　ミシェル・ド・セルトーが「非‐場所」について語るとき、それは場がもつある種の負の性質について、すなわち与えられた名によって押しつけられる、場にとっての場の不在について言及するためである。セルトーはいう。固有名は「他者の（歴史《イストワール》［話］の）命令[19]」を場に押しつける。そして、たしかに道筋をなぞりながら、道の名前を語る人は、必ずしもその名前をよく知っているわけではない。けれども名前それだけで、その場に「他者の掟がうがつあの侵食作用を、あるいは非‐場所[20]」をつくりだしているのだろうか。どんな道順も、道に「それまでは思いもかけなかった意味（もしくは方向）」を与える名前によって、いわば「そらされ[21]」る、とミシェル・ド・セルトーは説明する。そしてさらに、「これらの名はもろもろの場所のなかになにかの非‐場所をつくりだす。そうした名によって場所はパサージュにかかわるのである[22]」と付け加える。私たちはその逆をいうことができるだろう。通りすぎることによって、場の名前に特別な地位が与えられる。そして他者の掟によってうまれ、視線をまどわす亀裂とは、あらゆる旅（場所を加えていくこと、場を否定すること）に開かれる地平線である。そして「線をずらし」、場所を横切る動きは、定義上、道順をつくりだす。言い換えれば、言葉と非－場所とをつくりだすのである。

　単数の場所ではなく、複数の場所の実践としての空間は、実際に二重の運動から生じる。もちろん旅人の動きから生じるのであるが、同じように風景にもそれは由来する。旅人は風景を部分的に「瞬間的に」しか眺めることができず、記憶のなかでごちゃごちゃに積み重なり、そして帰ってから周囲の人たちに物語ったり、スライドをつなげたりするなかで、文字通り再構成するのである。旅（民族学者が「憎しみを抱く[23]」まで警戒するもの）は視線と風景との間に虚構《フィクション》の関係を築く。旅の特徴を決定づける、複数の場所の実践を「空間」と呼ぶなら、本当のところは情景の性質に関係なく、個人が自らを観客だと知る空間は複数あるのだということも付言しておかなければならない。あたかも観客という立場が情景の本質を決定するかのように。つまるところ、観客の立場にある観客が自分自身にとって固有の情景であるかのように。

数多くの観光用パンフレットがこうした視線の屈曲や回帰をほのめかしている。ひとりでも集団でも、果てしない大海や、ぐるりとめぐる雪深い山脈や、高層ビルがそそりたつ都市における地平線の消失点を見つめる、好奇心旺盛な顔や思いにふける顔の写真が前もって提示されるからだ。結局それは自分のイメージ、あらかじめ抱く自分のイメージであり、自分のことだけを語っているものの、別の名前を冠している（タヒチ、ラルプデュエズ、ニューヨーク）。したがって旅人の空間は、「非‐場所」の原型であろう。

複数の世界の共存、また人類学の場と、もはや人類学の場でなくなったものとが組合わさった経験（それによってスタロバンスキーは近代性を簡潔に定義する）に加え、移動によってある種の孤独を感じる特殊な経験と、文字通りの意味で「位置どり」の特殊な経験がうまれる――凝視することを義務づけられ、凝視せずにはいられない風景を前にして、「ポーズをとり」そしてこのような振る舞いをしているという意識ゆえに、時には憂いをふくんだ滅多にない喜びを感じる者の経験である。したがって、一九世紀の単身「旅行者」のうち、職業旅行者や学者ではなくて、口実やチャンスがあれば気まぐれに旅にでる旅行者のうちにこそ、空間を予言し喚起するものを見いだすことができる。アイデンティティも、関係も、歴史も実際には意味をなさない空間、孤独が個体性の超克あるいは回避を感じられる空間、イメージの運動だけが、それが過ぎ去るのを眺める者に、過去という仮説と未来という可能性とを時に垣間見せる空間を呼び起こすのだ。

ここで念頭にあるのは、旅に誘うだけで満足したボードレールというよりも、シャトーブリアン〔一七六八～一八四八年。フランスの小説家・政治家。フランス革命後アメリカに渡り、イギリスに亡命。帰国後大臣などを歴任〕である。シャトーブリアンは実際にたえず旅に出ており、見る能力があった。しかもとりわけ文明の死や、文明がかつては輝きを放っていた風景が破壊され、衰退する姿や、くずれおちたモニュメントの幻滅するような名残を見ていた。消えたスパルタ、古代の栄光を知らない侵略者に占領された廃墟のギリシアは、「通りすがりの」旅人に、失われた歴史と同時に、過ぎゆく人生のイメージを指し示すが、旅という移動そのものが旅人を誘い、導く。この移動は、書くことによって旅のイメージを定着させ、繰り返すという目的を除き、それ自体のほかに目的をもたない。

『パリからエルサレムへ』[24]の第一序文ですでに、すべてが明確に語られている。シャトーブリアンは、この旅が「書くため」に行われたのではないと述べるが、『殉教者』[25]のための「イメージ」を求めていたことは認める。目的を学究で装うことはしない。「私はシャルダン、タヴェルニエ、チャンドラー、ムンゴ・パーク、フンボルトといった人々の足跡をたどることはしない[26]」。その結果、公の目的がないこの著作は、作者のことは誰にも何も語らずに、それでいて作者のことをのみ語りたいという矛盾した欲求にかなうのである。「そのうえ、あちこちで出会うのは、作者よりもこの男である。私は際限なく私のことを語るし、これまで安心してそうしてきた。なんとなれば私の回顧録を出版するつもりなど毛頭なかったからである[27]」。訪問者が特権化し、作家が描写する眺望はもちろん一連の傑出した場所であるのだが（「（……）東にヒメトス山、北にペンテリコン山、北東にパルネス山（……）」）、そうした眺める行為が意味深に終わる時がある。それは、眺める行為そのものに立ち返り、そのもの自身が対象となることによって、過ぎ去ったまなざし、そして来るべきまなざしのぼんやりとした塊のうちに、凝視が溶けていくように思われる時だ。「アッティカのこの絵は、私が見つめるこの情景は、二〇〇〇年前に閉じてしまった目が見つめてきたものだ。私もまた通り過ぎていく。私と同様にはかない者たちが、この同じ廃墟について同じように考えるためにやってくるのだろう（……）[28]」。理想的な見晴らしのきく地点は、遠くからでも移動の効果を添えられる、船の甲板である。消えゆく岸について書くだけで、岸をまだ見つづけようとする乗客を思い浮かべられる。大地はやがてただの影に、ざわめきに、音になる。こうした場の消滅もまた旅の極みであり、旅人がとる究極のポーズである。「私たちが遠ざかるにつれ、スニオン岬にそびえる柱は波のうえでいっそう美しくみえた。柱が極めて白く、夜が静謐であったので、柱の姿は紺青の空に映えて完璧にみえたのだ。岬からすでに遠くあれど、岩下にうずまく波の音が、ネズの木々にわたる風のざわめきが、人気のない廃墟の神殿にすむコオロギの声が、いまだ耳朶を打つのだった。これがギリシアの大地で私が聴いた最後の音となった」[29]。

本人が何といおうが（「おそらく私は、いにしえの巡礼者の思いと志と心とをもって聖地を旅するために故国を離れる、最後のフランス人になるだろう[30]」）、シャトーブリアンが行くのは巡礼ではない。巡礼の旅が到達する中心地はそもそも意味にあふれている。巡礼者が目的地に求める意味に、今も昔も変わりはない。中心地に至る道順には、宿泊地と重要な地とが点々と並び、この道順と中心地とが「一方通行の／ひとつしか意味がない」場を、ミシェル・ド・セルトーが言うところの「空間」を構成する。アルフォンス・デュプロン〔一九〇五～一九九〇年。フランスの歴史学者・人類学者〕は、航海それ自体にイニシエーションの役割があったことを指摘する。「かくして巡礼の道においては、航海が必要になると、断絶がうまれ、勇壮さも平板化される。地上と海上とでは、功名をあげる効果に大きな差があり、そしてなにより神秘的な海は大きな変化をもたらす。こうした表向きの事実の背後には、ある現実がひそんでいる。一二世紀初頭の聖職者のある者たちにとって重要であった、海上を進むことによって、通過儀礼を達成するという現実である[31]」。

シャトーブリアンにおいて、事情はまったく異なる。シャトーブリアンの最終目的地はエルサレムではなく、スペインであり、愛人と合流するためにそこに赴く（しかし、『パリからエルサレムへ』は告白ではないので、シャトーブリアンは口をぬぐい「ポーズを維持する」）。何よりも聖地に触発されることがない。そこについては、すでに多くのことが書かれてしまっているのだ。「（……）ここにきて私はとまどいを感じる。聖地の姿を厳密に描くべきなのだろうか。しかし、それなら私より先に他の者たちが述べてきたことを繰り返すよりほかない。これほど現代の読者に馴染みのない主題もないが、これほど語り尽くされた主題もまたない。聖地の描写は省くべきであろうか。しかしそれは私の旅のもっとも重要な部分をとりのぞくことではないのか。そして旅の目的と目標であったものを消し去ってしまうことになるのではないか[32]」。おそらくはまた、そのような聖地にあって、シャトーブリアンがそうあろうと欲したところのキリスト教徒ならば、アッティカやスパルタを眼前にした時と同じように、万物の消滅をすらすらと称えることもまた、できないはずだ。シャトーブリアンの場合は、熱心に描写し、博学をひけらかし、ミルトン〔一六〇八～一六七四年。イギリスの詩人。叙事詩『失楽園』で知られる〕やタッソ〔一五四四～一五九五年。イタリアの詩人〕といった詩人や旅人が書いた文章をまるまる何ページも引用するのである。つまり、曖昧にしているのだ。そして今度こそ、豊かな言い回しとありあまる記録とによって、シャトーブリアンの聖地とは、非‐場所であると定義することができるのである。現代の観光パンフレットやガイドが写真や決まり文句で表現する非‐場所とよく似ている。ここで、異なる世界を意図的に共存させるものとして近代性を定義する分析（ボードレールの近代性）に立ち返ると、自己から自己への振り返り、観客から、そして情景から同時に距離をとるという非‐場所の経験が、近代性の経験にも無縁ではないことが分かる。スタロバンスキーは、「パリ情景」の最初の詩を解説しながら、煙突と鐘楼とがまじりあう、二つの世界の共存が近代都市をつくることを強調するが、また詩人が独特な身のおき方をすることもつきとめる。詩人はつまるところ、物事を高みから遠く見ようとするのであり、宗教の世界にも、労働の世界にも属さない。スタロバンスキーによれば、この立場は近代性の二重性に呼応するものである。「主体が群衆のなかに失われる――あるいは反対に個の意識が絶対的な権力を要求する」(33)。

一方、眺める詩人の立場そのものが情景であることにも気づく。このパリの情景において、一番の位置を占めるのはボードレールなのだ。そこからボードレールは街を見るが、しかし、もう一人の自分が遠くからそこを「第二の視線」の対象にする。

両の手に顎を支えて、わが屋根裏部屋の高みから、
私は見るだろう、歌ったりしゃべったりする町工場を。
煙出しだの鐘楼だの(34)(……)

かくしてボードレールが演出したのは、昔の宗教と新しい産業とが必然的に共存するさまや、個の意識が求める絶対的な権力だけではなく、ごく近代的で特殊な形態の孤独であろう。語のもっとも身体的で平凡な意味において、立場を、「姿勢」を、態度を明らかにするのは、風景と、それを対象にする視線の双方から、あらゆる内容と意味とをくりぬく移動が行われた後なのだ。なぜなら、風景に溶けこみ、主体の定まらない第二の視線――同じ視線、別の視線――

の対象となるのは、まさしくこの視線なのだから。

私の考えでは、私が「スーパーモダニティ」と呼ぶことを提案するものがもっとも特徴的にあらわれる事象は、ボードレールとは違って体系的、普遍的、散文的にではあるが、このような視線の移動、イメージの戯れ、意識の空洞化へと向かっていく。「スーパーモダニティ」は確かに個の意識に対し、孤独という新しい試練と経験とを余儀なくさせ、そしてそれらは非‐場所の出現と増殖に直に関係している。とはいえスーパーモダニティにおける非‐場所とは何かという検討にうつる前に、ほのめかし程度ではあるが、場と空間という概念と、芸術において「近代」を表わす典型例としてもっともよく認められたものとが結ぶ関係について言及しておけば役に立つかもしれない。周知の通り、ベンヤミンがパリの「パサージュ」に、さらに言えば鉄とガラスでできた建築に抱く関心の一端[35]は、続く世紀における建築がどのようなものになるのかということを予測し、夢や期待を先取りして表わそうとする意志がパサージュに見いだせるという事実に由来する。同様に、かつて近代を代表した典型例は、世界の具体的な空間が考察材料となったのだが、今日のスーパーモダニティのある側面を先んじて照らしだしているのではないかと問うことができる。偶然おとずれた何らかの直観でスーパーモダニティが示されたというわけではなく、近代の典型例がかつて例外的に（芸術家として）体現していた状況（ポーズや態度）は、今やもっと平板な様相で共通の運命となったからだ。

「非－場所」という言葉を用いて、補完し合いながらも別個のものである二つの現実を指していることが分かるだろう。すなわち、何らかの目的（交通、トランジット、商売、レジャー）との関係のうちに構築される空間と、個人がそうした空間と結ぶ関係のことだ。この二つの関係は互いにかなりの部分で、ともかく公式には重なるとしても（個人は旅をし、買い物をし、休息する）、それでもこの二つの関係は混じり合うことない。なぜなら非－場所が媒介するのは、目的には間接的にしか結びつかない、自己と他者とに対する関係全体だからだ。人類学の場が有機的な社会性を創造するように、非－場所は孤独な一過性をうみだす。シャルル・ド・ゴール空港の出発ロビーを分析するデュルケムを想像できるだろうか。

非－場所という空間において、個人とその周囲とを媒介してつなぎ合わせるには、語を使い、さらに文章を用いる。まずはイメージをうむ語、というより複数の画像をつくりだす語がある。タヒチやマラケシュに行ったことのない人々の想像力は、その名前を読んだり聞いたりするや、あふれだす。テレビのクイズ番組が人気なのは、特に旅やリゾートといった賞品が豊富に揃えられているものがあるからだ（「モロッコ三ツ星ホテル二名様一週間」「フロリダ三食付き二週間」）。名前をあげるだけでも、賞品にありつかず、今後も決してありつくことのない視聴者を喜ばせるには十分なのである。

「言葉の重み」を、とあるフランスの週刊誌〔『パリ・マッチ』誌〕は「写真の衝撃」と結びつけて誇ったが、それは何も固有名詞の重さだけではない。大量の普通名詞（滞在、旅、海、太陽、クルーズ……）にも、文脈によっては、固有名詞と同じくらい喚起力がある。反対に、アメリカ、ヨーロッパ、西洋、消費、循環といった、私たちにとってはエキゾチックではなく、あるいは距離があるという印象をまったくもたない語が、他の場所では人を魅了できた、あるいはいまも魅了できるというのは想像に難くない。その場所をよび起こす言葉によってしか存在しない場所もあり、その意味では非-場所であり、あるいはむしろ、想像上の場所、陳腐でありふれたユートピアである。こうした場所は、ミシェル・ド・セルトーがいう非-場所とも、通り名のある場所（誰が言ったか、何が言われているかは、ほとんどまったく分からない）とも対極の位置にある。ここにおいて語は日常における機能と失われた神話との間に、乖離を生じさせることはない。そうではなくてイメージをうみ、神話を創ると同時に作用させるのである（テレビ視聴者は番組に忠実であり、イタリアに野営するアルバニア難民はアメリカを夢み、観光は発展する)。

しかしスーパーモダニティにおける本当の非-場所、私たちが高速道路を走るときや、スーパーマーケットで買い物するときや、ロンドンやマルセイユに向かう次の便を空港で待つときに通る非-場所は、その場所が私たちに提示する語やテキストによっても定義されるという点で特殊なものである。非-場所の仕様書は、場合に応じて、ときには命令として(「右側の列を通ること」)、禁止として(「禁煙」)あるいは情報として(「ボジョレー地方に入ります」)表現され、概ねあからさまでコードの決まった表意文字(交通規則や観光ガイドのそれ)を使うこともあれば、日常言語を使うこともある。かくして各空間における循環の条件が整う。そこにおいて個人は、お互いに「モラルをそなえた」人々とのみ相互に関わることになっている。あるいは(空港、航空会社、運輸省、商社、交通警察、市町村)といった機関であり、その存在は(看板、スクリーン、広告といった)現代の風景を構成する数限りない媒体を通して伝えられる、命令や勧告やコメントや「メッセージ」の背後に、漠然と察せられるか、あるいははっきりと姿を現わすのだ(「この区間の建設費用は地域圏議会が拠出しました」、「国はあなたの生活状況の改善にとりくんでいます」)。

フランスの高速道路はうまく設計され、風景を見せてくれる。時には上空から見下ろすかのような風景で、国道や県道を通る旅人が見ることのできる風景とはずいぶん違う。高速道路によって身近な生活を題材にするアンティミスムの映画から、西部劇の広大な地平線へと移行したのである。その一方で、風景について語り、風景の隠れた美点について説明するのは、道順にちりばめられたテキストだ。街を横切ることはないが、その名にふさわしい解説が記入された看板によって、素晴らしい地点が表示されている。いわば旅人は立ち止まる必要も、視線をむける必要すらない。たとえば南部の高速道路上では、一三世紀に要塞化された某村や、しかじかの有名なぶどう畑や、「永遠の丘」ヴェズレーや、アヴァロンの風景もしくはセザンヌその人が描いた風景に注意をはらうよう請われる(文化の自然への回帰、自然は視界には入らないが、必ずコメントが添えられる)。風景は距離を保っており、建築物の細部や自然の細部が、文章を書くきっかけを与え、時には単純化されたイラストで飾られる。それでいて通過する旅人は、実のところ彼のために表示された素晴らしい地点を実際に見る状況にはなく、したがってその近辺にいるのだと知ることだけで満足せざるを得ないのである。

したがって高速道路の道順には二重に見るべきところがある。機能上の必要から、名所に近づきつつも迂回する一方で、名所を解説する。その情報に加え、サービスエリアの建物が、地方色ある家の概観をとることがますます多くなり、地方の名産品や、なにがしかの絵はがきと、そこに立ち止まる人には役に立ちそうな観光ガイドを提供する。しかし通りすぎる人の大半は当然立ちよることはない。ことによると毎夏あるいは一年に何度も通ることはあるだろう。その結果、見るというよりは定期的に読むことになる抽象的な空間が、ついには不思議とお馴染みになる。他ではより裕福な人が、バンコク空港の薗売りや、シャルル・ド・ゴール空港第一ターミナルの免税《デューティーフリー》店に馴染むのと同じだ。

三〇年ほど前、フランスでは、国道や県道や鉄道が日常生活の奥にまで浸透していた。自動車による行程と鉄道による行程とは、この観点からすると、表と裏として対立したのだった。そしてこの対立は、いまでも県道を頻繁に通り、TGV以外の鉄道機関を、さらには地域路線をよく利用し続ける人にとっては（ただし地域路線が残っている場合の話で、人気のない「ローカル」線つまり「ローカルな」利益にかなう線は消えつつあるから）、部分的にはいまも健在である。県道自体も今では集落を避けざるを得なくなったが、かつては、一様に家々の正面にはさまれた、街や村の通りになっていた。朝八時前と夜七時以降には、車を運転する旅人は戸締まりされた家の正面がつづく砂漠（雨戸が閉められ、光はよろい戸からもれるか、あるいはまったく射さず、寝室や居間はたいがい家の後方に面している）を通りすぎたのだった。旅人は、堅苦しく威厳あるイメージ、自ら演出するフランス人のイメージ、隣人に対して与えたい自分のイメージの証人となる。通過するドライバーは、今日では行程にある名前と化した街（ラ・フェルテ＝ベルナール、ノジャン＝ル＝ロトルー）から何かを観察したものだった。ドライバーが赤信号のときやスピードをゆるめたときに読むことになる文章（街の商店の看板や市町村の条例）は、そもそもドライバーにむけて書かれたものではなかった。列車はといえば、もっと遠慮がなく、それはいまも変らない。鉄道は集落をつくる家々の背後にひかれることが多く、日常生活の奥に入って田舎者を驚かせる。正面側ではなく、庭や台所や寝室の側に、そして夜になれば明かりがともされる側にひかれたからだ。一方で公共の照明がなければ、通りは影と闇の領域だった。そして、かつて列車はそれほど速度がはやくなかったので、好奇心を抱く旅行者は通りすぎる駅の名を判別することができたのだ。現代の超高速列車ではかなわないことである。まるで今日の旅客にとって、特定のテキストは、廃れてしまったかのようだ。

しかし他のテキストが提供される。たとえばTGVという、いわば「飛行機列車」のなかでは、航空会社が顧客に提供するのと同じような雑誌を読むことができる。かくして旅客は、ルポや写真や広告を通じて、現代の世界にあわせて（あるいは現代の世界に似せて）生きることの必要性を思い出すのである。

テキストが空間を侵略した例は他にもある。スーパーでは、客は無言でめぐり、値札を調べ、野菜や果物を機械にのせてはかり、重さに応じて値段を知り、そしてこちらも無言かほとんど話さない若い女性にクレジットカードをさしだし、女性は商品ひとつひとつを読み取り機に登録してから、クレジットカードがきちんと機能するかを確かめる。もっと直接的だが、さらに無言の対話もある。ATM機とカードの持ち主が交わす会話だ。持ち主はカードを挿入し、画面には概して友好的な指示が伝えられるが、時には完全な警告もある（「カードを入れ直してください」「カードをぬいてください」「指示をよく読んでください」）。道路やショッピングセンターや通りの片隅にある銀行システムの前線から発せられる呼びかけはすべて、同時に私たちひとりひとりに無差別に向かってくる（「いらっしゃいませ」「よいご旅行を」「ご利用ありがとうございます」）。誰彼かまわないのである。こうした呼びかけによって製造されるのが

「平均人」であり、道路や店舗や銀行といったシステムの利用者と定義できる。こうして「平均人」が製造されるわけだが、場合によっては個体性を与えられることもある。特定の道路や高速道路上では、電光掲示板の知らせが突然、急ぎ過ぎたドライバーに警告を与える（一一〇キロ！　一一〇キロ！）。パリの交差点には、赤信号無視が自動的に登録され、当の車が写真によって特定されるところもある。クレジットカードにはどれも暗証番号があり、ＡＴＭ機がカードの持ち主に情報と同時にゲームの規則を思い出させる。「六〇〇フラン〔およそ九一ユーロ〕までおろせます」。言葉による共謀と、風景という目印と、言明されないマナーの規則とを通じ、「人類学の場」をつくるのは互いのアイデンティティであるのに対し、旅客や顧客やサンデードライバーが共有するアイデンティティをうみだすのは非－場所である。おそらくは、この一過性のアイデンティティに由来する相対的な匿名性は、解放であるとさえ感じられるのかもしれない。いっときの間、身分にふさわしくふるまう必要もなく、地位にあわせてふるまう必要もなく、見た目に気をつける必要もない。デューティーフリーである。個人のアイデンティティ（パスポートあるいは身分証明書）が登録されるやいなや、搭乗前の乗客は、客自身も荷物の重量と日常の重圧から解放されて、「税から解放された」空間に殺到する。安価で買い物をするためというよりも、もしかしたら、この瞬間に自由であるという現実を、これから出発する乗客という否定しえない身分を感じるためかもしれない。

ひとりではあるが他の人々と似通った非‐場所の利用者は、この場所と（そしてそこを支配する力と）契約によって関係を結んでいる。非‐場所の利用者は、そうした契約があるということをときどき思い出させられる（非‐場所の仕様書はその一部だ）。買い求めた切符、料金所で提示しなければならないカード、あるいはスーパーマーケットの棚の間を押して歩くカートさえ、非‐場所の契約をある程度まで明確に示す証拠である。契約は常に契約者個人のアイデンティティと関係がある。空港で搭乗ゲートの待合エリアにたどりつくためには、まず航空券をカウンターで提示し（乗客の名前が記録される）、出国審査で搭乗券と身分証を同時に提示することによって、契約が守られていることを証明する。この点については、国によって求めるものがさまざまなので（身分証、パスポート、パスポートとビザ）、出発する時から、その点を考慮にいれているかどうか確認される。したがって乗客が匿名性を獲得するのは、アイデンティティを証明し、ある種の契約に連署した後のことだ。スーパーマーケットの客もまた、小切手やカードで支払いすれば、アイデンティティを登録するし、高速道路利用者も同様だ。

ある意味で非-場所の利用者は、自らが無害であることを証明するようたえず求められるのである。事前もしくは事後のアイデンティティ検査によって、現代における消費空間は非-場所という印の下におかれるのだ。無害なものしかそこには入れず、そこでは言葉はほとんど役に立たない。個体化も（匿名性への権利も）アイデンティティ検査なしにはありえないのである。

もちろん、無害であるという基準は、個人のアイデンティティに関わる、公式に定められた基準（カードに記入され、謎のファイルが登録する基準）である。しかしその基準と無害であることそのものとは別の話だ。なぜなら非-場所は、そこに入る者を、日頃の決まりごとから解放するのだから。もはや彼は乗客として、客として、ドライバーとして、自らがなすところのもの、自らが経験するところのものでしかないのである。頭は前日の心配事でいっぱいであるかもしれないし、心は翌日の気がかりにとらわれているかもしれないが、この時の環境が、かたとき彼を悩みから遠ざける。やさしい所有の対象となり、大なり小なり確信をもって見事にそこに身をまかせる。そしていっとき、アイデンティティの消失という受動的な快楽と、ロールプレイという、より能動的な快楽とを味わうのだ。

結局、彼が直面するのは、彼自身のイメージであるのだが、実際には実に馴染みのないイメージだ。彼と他の人々に語りかける風景－テクストと、彼が続ける無言の対話において形をとる唯一の声、そして唯一みえる顔は、彼のものなのである。孤独な顔と孤独な声。その孤独が何百万もの他者の孤独を思わせるのだから、よけいに面食らわせられる。非－場所を行く者がアイデンティティを再び見いだすのは、税関検査や料金所やレジにおいてである。それまでは、彼は他の人々と同じコードに従い、同じメッセージを登録し、同じ要求にこたえる。非－場所がつくりだすのは、単独のアイデンティティでも関係でもなく、孤独と類似性だ。

そこにはもはや、歴史の入りこむ余地はない。歴史はことによるとスペクタクルの一部になる。つまり、たいていの場合は歴史をほのめかす文章に形を変えるのだ。この時の現在性と緊急性とが、非－場所を支配する。人は非－場所をかけめぐるので、非－場所は時間という単位ではかられる。旅程は時刻表なしにはありえず、場合によっては遅れを示す箇所もある発着表なしにはありえない。そこで人はいまを生きるのだ。道順としてのいまを。今日それは、長距離便において飛行機の進行を刻々と表わす画面上で具体化される。必要とあらば、機長がいくらか大げさに言明する。たとえば、「右翼側には、リスボンの街がご覧になれます」という。実際には何も見えない。スペクタクルはまたしても観念でしかなく、言葉にすぎないのだ。高速道路には、現在の気温やその空間の実践にとって便利な情報を教えてくれる電光掲示板がある。「A3渋滞二キロ」。語のひろい意味で現在性《アクチュアリテ》のいまがあり、たとえば飛行機では新聞が何度も読み返される。複数の航空会社がテレビのニュース番組を再放送する。大方の自動車にはカーラジオがそなわっている。ラジオはガソリンスタンドでもスーパーマーケットでも、とぎれなく働くのだ。その日に言い古された文句、宣伝、いくらかのニュースが通りすがりの客に提示され、押しつけられる。要するに、あたかも空間が時間にとらえられたかのように、すべてが動いていく。まるで、その日か前日のニュースより他に歴史はなく、現在における汲めども尽きぬ歴史のストックから、個人の歴史がモチーフを、言葉を、イメージを取り出しているかのようだ。

商業機関、交通機関、販売機関があふれんばかりに拡散するイメージに襲われ、非‐場所を通行する者は、永続する現在と自己との出会いとを同時に経験する。出会い、自己同定、イメージの経験だ。ブロンドのスチュワーデスの思いやりあるまなざしの下で、いいようのない幸福を味わっている様子のエレガントなこちらの四〇代の男性は、彼である。男らしいマスクに野性的な香りのオードトワレをまとい、女性がうっとりと眺めるあちらの男性もまた、彼である。以上のような自己同定へと誘うきっかけが主に男性であるのは、それがふりまく理想の自己像がまさに男性であるからで、目下のところは、女性経営者や信用のおける女性ドライバーというのは、「男性」の資質をそなえた人としてイメージされるのである。訪れる人の大多数が女性であるスーパーマーケットという日常的な非‐場所では、当然トーンもイメージも変化する。そこでは両性間の平等（つまり、最終的には性の無差別化）というテーマが逆照射されて扱われる。たとえば新米パパたちが家事や赤ちゃんの世話に興味を示すのを「女性」誌でときおり目にする。だがその一方で、スーパーマーケットでは、現代における名声の噂も耳にする。すなわちメディアであり、スターであり、ニュースである。というのも結局、何より目立つのはやはり、宣伝媒体における「相互持ち合い」とでも呼べるものだからだ。民放ラジオが大型店舗の宣伝をするかたわら、大型店舗が民放ラジオの宣伝をする。旅行代理店がアメリカ旅行を特別提供し、ラジオがそれを通知する。航空会社の機内誌がホテルの宣伝をし、ホテルは航空会社の宣伝をする――興味深いのは、かくして空間の消費者は誰しも、コスモロジーめいたものの響きとイメージのなかにとらわれることである。このコスモロジーは、民族学者たちが伝統的に研究してきたものとは異なり、客観的にみて普遍的であり、慣れ親しんだものであると同時に格式が高い。ここから二つの結果が導かれる。一つ目は、こうしたイメージがシステムになろうとすること。たえず呼びかけられるために、あらゆる個人が自分のものとすることができる消費世界を描きだすのである。ナルシシズムへの誘惑が、共通の法則を表現するように見えるだけに、ここではいっそう強烈になる。自分になるために他の人と同じようにする、というわけだ。二つ目は、あらゆるコスモロジーと同じく、この新たなコスモロジーもまた、世界を認識させる効果がある。非－場所のパラドックスはこうだ。見知らぬ国に迷いこんだ異邦人（「通りすがりの」異邦人）は、高速道路やガソリンスタンドや大型店舗、あるいはホテルチェーンの匿名性においてのみ自らを取り戻すのである。彼にとってガソリンのブランドを伝える看板は安心できる目印となり、スーパーの棚に多国籍企業のお墨付き衛生用品や掃除用具や食料品を見つけてほっとする。反対に、東側の国にはまだなにがしかのエキゾチズムが残っている。それは、世界の消費空間に合流する手段がまだそろっていないからだ。

⁂

現代世界の実状においては、場所と空間とが、場所と非‐場所とが、たがいにもつれあい、浸透し合っている。どんな場であろうと、非‐場所の可能性に欠けるということは決してない。場所に戻ることが、非‐場所を頻繁に訪れる者（そしてたとえば地方の奥まった土地に根づいたセカンドハウスを手に入れることを夢みる者）には、最後の頼みの綱なのである。場所と非‐場所とは、それらを描写するために必要な語や概念と同じように、対立する（あるいは呼び合う）。しかし流行の言葉は――三〇年ほど前には存在する権利すらなかった言葉だが――非‐場所にまつわるものである。たとえば「トランジット」という現実（一時収容所あるいはトランジット中の乗客）と、居住地もしくは住居という現実、（人々がすれ違うことのない）「インターチェンジ」と（人々が出会う）「交差点」、（行き先で決まる）「乗客」と（「道」を気ままに旅する）「旅行者」――ＳＮＣＦ〔フランス国有鉄道〕の利用者は未だに「旅行者」で、ＴＧＶに乗ると「乗客」になるというのは意味深である――はそれぞれ対照させてみることができる。

「集合住宅」（ラルースによれば「一群の新興住居」）では人々は一緒に住んでいるわけではなく、それがどこかの中心になることはない（団地はいわゆる周辺地域の象徴である）。さらに「集合住宅」と歴史を分かち合い記念する「モニュメント」が対立し、「コミュニケーション」（コード、イメージ、戦略）と（話される）「言語」も対立する。

ここにおいて、語彙は本質に関わっている。なぜなら語彙は習慣を織りなし、まなざしをしつけ、風景に意味を与えるからだ。ここで、コンブレーの「哲学」の分析、というよりコンブレーの「コスモロジー」の分析から出発し、ヴァンサン・デコンブが「レトリックの風景」という概念について提唱した定義に少しだけ立ち戻ろう。「どこにいれば、登場人物は我が家にいることになるのだろう。この問いは地理的な領域に関わるというよりも、レトリックの領域に関わる（『レトリック』という語は古典的な意味で用いる。つまり弁論、告訴、礼賛、検閲、勧告、警告などのレトリックの行為という意味である）。登場人物が人生を分かち合う人々のレトリックのうちにあって、くつろいでいるとき、登場人物は我が家にいるのだ。我が家にいるという印は、あまり問題なく理解してもらうことができ、同時に長々説明しなくても、対話者たちの理屈に入っていけるということである。登場人物が属すレトリックの国は、登場人物が自分の行為やふるまいに対して添える理屈や、表明する不満や、あらわにする感嘆の念などを、対話者たちが理解してくれなくなるところで終わる。混乱したレトリックのコミュニケーションから、境界を過ぎたということが明らかになる。もちろんこの境界とは、きっちりひかれた線というよりは、境界領域として、辺境として表現されるべきものである」[36]。

デコンブが正しいとすると、スーパーモダニティの世界では、人々はたえず我が家にいて、そしてもはや決して「我が家」にはいない、と結論しなければならない。デコンブのいう境界領域や「辺境」が完全に馴染みのない世界へと導くことはもはやありえない。（事件の過剰、空間の過剰、準拠枠の個人化という過剰の三つの形象から同時にうまれる）スーパーモダニティが十全に表現されるのは、当然、非-場所においてである。非-場所では反対に、人々がそこで自らの日常生活の一部を構築しようとする、いまだ多様な場所に根づく言葉やイメージが通過していく。それとは逆に、非-場所が特定の地方に言葉を借りることもある。たとえば高速道路上では、エリアという語はあたう限りもっともニュートラルに用いられ、場や通り名のある場からもっともかけ離れたものだが、「パーキング・エリア」が近隣地方の特殊かつ神秘的な特徴を参考に名づけられることがある。たとえば「ミミズク」エリア、「オオカミのねぐら」エリア、「嵐の谷間」エリア、「コロッケ」エリアなどがそうだ。したがって私たちは、民族学者が「文化的接触」と呼びならわすものが一般的現象になった世界に生きているのだ。「ここ」を対象にする民族学が最初に出会う困難は、つねに「よそ」と関わり合いがあるということだ。しかもこの「よそ」の身分が、特異かつはっきりした（エキゾチックな）対象で構成されることはない。「よそ」がさまざまに浸透していることは、言語から分かる。コミュニケーション・テクノロジーや、マーケティングにおける「ベーシック・イングリッシュ」の利用は、この点で非常に示唆的である。ひとつの言語が他の言語に勝利したというよりは、地球規模の聴衆が用いる語彙にありとあらゆる言語が侵略されたことを示しているのだ。それが英語であるという事実よりも、このように普遍化された語彙が必要であるということに意味があるのである。言語面の弱体化（口語の平均的な実践における意味およびシンタックス運用能力の低下をこのように名づけるとすれば）の責任は、ある言語が別の言語によって汚染され、転覆させられたことよりも、この普遍化にあるのである。

こうして、スタロバンスキーがボードレールを通して定義した近代と、スーパーモダニティとを隔てるものがよく理解できる。スーパーモダニティとは、同時代性のすべてを指すのではない。ボードレールが描いた風景の近代のなかでは、反対に、すべてが混ざり合い、すべてが支え合っていた。鐘楼と煙突は「都市の主人」だった。近代の観客が眺めたものは、古いものと新しいものの錯綜だった。スーパーモダニティはといえば、古いものを（歴史を）特別なスペクタクルにする。どんなエキゾチズムも、地方の特色も、スペクタクルにしてしまう。スーパーモダニティにおいて、歴史とエキゾチズムが果たす役割は、文章における「引用」と同じであり、旅行代理店が出すカタログにそのステータスが見事に表現されている。スーパーモダニティの非－場所では、いつも（ショーウィンドーのなか、広告のうえ、機械の右手、高速道路の左手といった）特別な場所があり、「名産品・名所」が、コートジボワールのパイナップル、総督の都市ヴェネツィア、タンジェの街、アレシア遺跡という具合に提示されている。しかし非－場所はいっさい概括することはなく、なにも統合することもなく、ただ、まわっている間に、たがいに別々だが似通っていて無関係な個体性が同時に存在することを可能にするだけだ。非－場所がスーパーモダニティの空間であるなら、そこに近代と同じ野望があるとはいえない。個人がたがいに近寄ったその時から、社会的なものができ、場所が整備される。スーパーモダニティの空間はといえば、（顧客、旅行者、利用者、観客といった）個人にしか関わらないのだが、この個人は、（名前、職業、出生地、住所などによって）入口と出口でしか特定されず、社会化されず、位置づけられないという矛盾がある。非‐場所がスーパーモダニティの空間であるなら、このパラドックスを説明する必要があるだろう。社会ゲームは、同時代性の前哨とは別のところで行われているようだ。巨大なカッコのなかに飲み込むがごとく、非‐場所は日々ますます多くの個人を迎えいれている。それだけに非‐場所は、守るべきあるいは征服すべき領土への情熱を、テロリズムまでおしすすめる人々に特に狙われるのである。空港と飛行機、スーパーと駅がいつの時代もテロ攻撃の特権的な標的だったのは（罠をしかけた車はいうにおよばず）、おそらくは、この語を使ってよければ、効率が良かったためだろう。しかしまた、新しい形の社会主義化やローカル化を、たいがいあやふやに要求する人々には、そうした場所が自分たちの理想を否定するものと映るからなのかもしれない。非‐場所は、ユートピアの反対物なのだ。非‐場所は実在するが、組織体としての社会はいっさい内包しない。

　この点にいたって、先ほど触れた問題が再び登場する。政治の問題だ。シルヴィアーヌ・アガシンスキ〔一九四五年〜。フランスの哲学者〕は、都市を扱った論文[37]の中で、国民公会に属したアナカルシス・クローツ〔一七五五〜一七九四年。フランスの狂信的革命家〕が何を理想とし何を求めたのか指摘する。「具現化された」権力を憎んだクローツは、王の死を要求したのだった。いかなる局限化された権力も、単独の主権も、人類を民族に分割することさえも、クローツにとっては人類がもつ不可分の主権と相いれないと思われたのだ。この観点に立つと、パリという首都が特権化された場でありえるのは、「根から絶たれ、領土から切り離された思想」を特権化する場合のみである。「この抽象的で、普遍的で、そしておそらくはブルジョワであるだけではない人類の県庁所在地がはらむパラドックスは、そこが非‐場所でもあること、どこでもないこと、ミシェル・フーコーが都市は含めずに〈ヘテロトピア〉と呼んだものに似たものであるということだ(38)」とアガシンスキは書く。今日世界規模で、普遍性をめぐる思考と、領土性をめぐる思考との間に、緊張がはしっているのは間違いない。ここまで私たちはその一面を考察したにすぎないが、人類のうち一時的にせよ領土の外で過ごす人々の割合が増えており、したがって経験的なものと抽象的なものという定義の背景そのものが揺るぎつつあり、そこにはスーパーモダニティに特徴的な三つの加速の影響があるということを確認した。

スーパーモダニティにおける個人が通るこの「外‐場所」あるいは「非‐場所」は、普遍的なものを思考しつつ位置づけ、地域的なものを解消しつつ築きあげ、起源を肯定しつつ認めないという相反する二重の必要が仕組まれる権力の「非－場所」ではない。こうした権力の信じ難い部分が、必要とあらば自然の恣意的なふるまいよろしく、権力を考察するための用語を反転させて社会秩序を築いてきたのだが、そうしたものが特によく表われるのは、普遍的なものと権威とを同時に考え、専制政治と無政府主義とを同時に忌避しようとする革命の意志においてだ。しかしより一般的に、こうした権力の部分は、局地化された秩序全体から構成されており、この秩序は定義からして権威を空間として表現するものだ。アナカルシス・クローツの思想にのしかかる制約とは（そうした制約があること自体、場合によってはクローツの「素朴さ」を強調することができるのだが）、クローツが世界をひとつの場と見なしていたことである。もちろん人類の場ではあるのだが、空間を組織化し、中心を認識する場である。そのうえ、今日、「一二カ国のヨーロッパ[39]」あるいは「新世界秩序〔冷戦後の世界構造を指す〕」を私たちが語るとき、どちらでもまっさきにでてくるのが、真の中心をどこにおくかという問題であるのはなかなか興味深い。ブリュッセルなのか（ストラスブールはいうにおよばず）、ボンなのか（ベルリンとまではいわなくとも）？　ニューヨークと国際連合（UNO）本部なのか、ワシントンとペンタゴンなのか？　場所をめぐる思考はいつも私たちにつきまとい、あちこちに見られるナショナリズムの「湧出」は、場所をめぐる思考にアクチュアリティをもたせるものだが、局地化への「回帰」とも受け取れる。一方で、いわゆる来るべき人類の予兆としての帝国は、局地化から遠ざかっているように見える。しかし、実のところ帝国の言語は、帝国を拒絶した国家群の言語と同じであった。おそらくは旧帝国も新興国家も、スーパーモダニティへと移行する前に、自らのモダニティを征服しなければならないからだろう。「全体主義的な」世界と考えられる帝国は、非‐場所ではありえない。帝国が連想させるイメージとは、非‐場所とは正反対で、独りの者はおらず、全員が直接コントロールされており、過去そのものは打ち捨てられる（過去が一掃された）世界のイメージである。オーウェルやカフカの世界のように、帝国は前近代的なのではなく、「準近代的」なのである。近代の失敗作であり、近代の未来には決してなりえず、私たちが明らかにしようとした、スーパーモダニティの三つの形象のいずれにもあてはまらない。ごく厳密にいえば、近代の陰画《ネガ》ですらある。帝国は加速する歴史に無頓着で、歴史を書き直す。帝国は交通の自由と情報の自由を制限することによって、空間がせまくなったという感覚を所属民にもたせないようにする。それゆえ（そしてまた人権に配慮し率先してとられる行動に、いらだった反応をするので）、帝国は自らのイデオロギーから個人という準拠枠を遠ざけ、それを境界の外に投影するという危険をおかす。かくして個人はきらびやかな絶対悪か、最高の魅惑という形をとるのだ。最初に思いつくのはもちろんかつてのソヴィエト連邦の有様だが、他にも大きいものから小さいものまで帝国は存在し、単独政党と至上権を有する執行部による体制が、民主主義の前提条件としてアフリカやアジアでは必要であると考える特定の政治家たちが時としてかられる誘惑は、奇妙なことに、こと東欧に関してはそれと同じ政治家たちによって、時代遅れで本質的に倒錯した特徴として告発される思考のスキームに属すのである。場所と非‐場所とが共存するとき、つまずくポイントはつねに政治であろう。おそらく東側諸国やその他の国々は、交通と消費の国際ネットワークに自分たちの場所を見いだすことになる。しかしそのネットワークと呼応する非‐場所、経験的に調査することができ、まず経済として定義される非‐場所の拡大は、すでに政治家たちが考えるスピードを追い抜いている。政治家たちはといえば、行く末について問うことが増えているが、それは、自分たちがどこかにいるのかがますます分からなくなっているからというだけなのだ。

エピローグ

国際便がサウジアラビアの上空を飛んでいるとき、通過中は飛行機内のアルコールの摂取が禁じられています、とスチュワーデスがアナウンスする。空間における領土への侵入はこうして意味づけられる。地球＝社会＝国家＝文化＝宗教。人類学の場が用いる等式が、再び空間に束の間書き込まれる。少ししてから空間のうちの非-場所を取り戻し、場の全体主義的な束縛からのがれること、それは自由に似た何かを取り戻すことになろう。

才能あふれるイギリスの作家デイヴィッド・ロッジが、聖杯探究伝説の現代版を出版したばかりだ。ユーモアをきかせながら設定された聖杯探究の舞台は、大学における記号論および言語学的研究の世界だ。世界各国の人々が集まる、国際的ではあるがせまい世界である。[1] この場合、ユーモアには社会学的な価値がある。『小さな世界』における大学の世界は、今日地球全体に広がり、多様な個人に、個別でありながら奇妙に似通ったコースをたどる機会を提供する社会「ネットワーク」のひとつにすぎない。騎士の冒険とは、結局のところ、それ以外のものではなく、個人の彷徨は今日の現実においてもかつての神話においても、希望とはいわないまでも、期待をはらんだままなのだ。

＊＊＊

民族学は常に、少なくとも二つの空間と関わりをもっている。民族学が研究する空間（村、企業）と、そうした場を組み込み、ローカルな関係内部の機能に影響や制約を与えるより大きな空間（民族、王国、国家）である。かくして民族学者は、方法論において斜視にならざるをえない。なぜなら直接観察する場も、外部との境界地域に関係する境界も、見逃してはならないからである。

スーパーモダニティの状況においては、こうした外部の一部は非－場所でできており、非－場所の一部はイメージでできている。非－場所をおとずれることは、今日では個人と公権力との間で、孤独な個人や人間以外の媒介（広告一枚、スクリーン一枚でことたりる）を経験する機会である。歴史的な前提はとりたてて必要ない。

同時代の社会を研究する民族学者は、包括的世界のうちに再び個人の存在を見いだす。伝統的に民族学者は、こうした世界において特別な外形や特異な事件に意味を与える、普遍的な決定素をわりだすことに慣れている。

＊＊＊

こうしたイメージの戯れに幻想（疎外のポストモダン様式）しか認めなければ、ことを誤ることになる。イメージが特徴づけるものを分析しただけでは、現象が実際にどのようなものであるかを汲み尽くすことはできない。非－場所の経験において重要なのは、その引力であり、反対側からみると、この引力は領土の引力に、場と伝統がもつ重みに比例する。週末やヴァカンスになると道路にドライバーが殺到すること、渋滞する航空路のコントロールに航空管制官が苦労していること、新しい形の流通が成功を博したことなどが、明らかに非−場所の引力を証明している。一方で、一見したところでは領土という価値を守り、あるいは祖国のアイデンティティを再発見しようとする心がけによるものと考えられる現象についても同じことが言える。他国からの移民が、これほど強く（そしてたいがい具体的な理由もなく）定住した人々を不安にさせるのは、第一に土地に刻まれた確実さというものが相対的であることが移民によって証明されてしまうからだろう。つまり他国からきた移民という人物像において、不安を呼ぶと同時にひきつけるのは、他国へと出て行った移民の姿なのである。現代ヨーロッパのスペクタクルに対し、ナショナリズムの「回帰」に言及せざるを得ないのなら、私たちはこの「回帰」において、集団的秩序の拒絶に由来するすべてのものに注意をはらうべきではないだろうか。国家というアイデンティティのモデルは、もちろんこの拒否に形を与えうるものだが、しかし集団的秩序の拒否を今日息づかせ、意味を与え、そして明日には弱体化させるものは、個人というイメージ（個人の自由な進路というイメージ）なのである。

＊＊

目立たぬ形であっても、贅沢な表われ方をしても、非－場所の経験は（加速する歴史と縮小する地球を多少なりともはっきりと認識することと分かちがたく）、今日どんな社会的存在であれ、その本質的な要素になっている。そこから、西洋では時に自閉の様態、あるいは「マイホーム主義」の様態と考えられているものの、独特で総じてパラドキシカルな性格が生じる。個人史が（空間と、イメージと、消費と必然的に結ぶ関係のために）これほど世界史に、要するに歴史のうちにとらわれたことはかつてなかった。そこから個人の行動のすべてが理解できる。（自宅への、よそへの）逃走、（自分に対する、他者に対する）恐怖、それだけでなく経験の強度（パフォーマンス）あるいは（既成価値への）反抗。個人を抜きにした社会分析はもはやありえず、個人が通過する空間を無視した個人の分析もまたありえない。

いつの日か、もしかしたら、別の惑星のしるしが訪れるかもしれない。そして民族学者がそのメカニズムを小規模ながら研究してきた連帯の成果で、地球空間全体がひとつの場になるかもしれない。地球人であることが、何がしかの意味をもつかもしれない。その日がくるまで、環境におそいかかる危機だけで同様の成果が得られるかどうかは定かでない。非－場所の匿名性において、孤独のうちに、人類運命共同体が試されるのだ。

⁂

したがって明日には、もしかしたら今日すでに必要なのかもしれない。一見矛盾する二つの語が結びついた、孤独の民族学が。

⁂

注

＊　内容を理解する上で必要と思われる事柄を訳注として付した。原注は文末に〔原注〕と表記して区別する。

プロローグ

（1）　イル・ド・フランス地域圏エソンヌ県に位置するコミューン。パリから南西に四四キロ、シャルル・ド・ゴール空港から六六キロ。ナントを出発してドゥルダンを経由するには、A11号線からA10号線に合流しパリ方面に向うことになる。

（2）　エールフランスが全面禁煙化したのは二〇〇〇年一一月一日以降であり、本書が世に出た一九九二年当時は、喫煙席が存在した。

（3）　バルザック『ゴリオ爺さん』の有名な一節（ラスティニャック青年がペール・ラシェーズ墓地からパリを見渡して言う言葉）のもじり。

（4）　インターネットに先駆けて、フランスに広く普及したネットワーク情報検索システム端末。一九七〇年代末から二〇一二年までフランス・テレコムによってサービスが提供された。電話回線を通じ、電話帳検索、データベース検索、チケット予約、メールやチャットなどを行うことができた。

身近な場所とよその場所

（1）一九三七年から二〇〇五年までパリ一六区にあった国立博物館。現在コレクションはマルセイユのヨーロッパ・地中海文明博物館（二〇一三年開館）に収められている。

（2）*L'Autre et le semblable : regards sur l'ethnologie des sociétés contemporaines*, textes rassemblés et introduits par Martine Segalen, Paris, Presses du CNRS, 1989.

（3）人類学者とほぼ同義で用いられるが、一般的な理論を編み出す人類学者と異なりひとつの社会・民族について網羅的な調査を行い研究する者。

（4）Louis Dumont, *La Tarasque*, Paris, Gallimard, 1951 ; nouvelle édition, 1987.

（5）*L'Autre et le semblable, op. cit.*, p.8.

（6）Marcel Mauss, *Sociologie et anthropologie*, PUF, 1966, p. 306. 邦訳『社会学と人類学Ⅱ』有地亨ほか訳、弘文堂、一九七六年、三七頁。

（7）Claude Lévi-Strauss, « Introduction à l'œuvre de M. Mauss » in *ibid.*, p. IX-LII. 邦訳『社会学と人類学Ⅰ』有地亨ほか訳、弘文堂、一九七三年、一―四三頁。

（8）一七世紀末から一八世紀初頭にかけて、フランスでおこった論争。古代文学と近代文学の優劣をめぐり、大論争となった。

（9）Paul Hazard, *La crise de la conscience européenne, 1680-1715*, Bolvin, 1935 ; Fayard, 1961. 邦訳『ヨーロ

ッパ精神の危機 1680-1715』野沢協訳、法政大学出版局、一九七三年。

(10) *Les lieux de mémoires*, Pierre Nora éd., 3 tomes, Gallimard, 1984-1992. 邦訳『記憶の場――フランス国民意識の文化=社会史』(全三巻)、谷川稔ほか訳、岩波書店、二〇〇二―二〇〇三年。ピエール・ノラ編、ジョルジュ・デュビらが参加し一〇三本の論文を収録。芸術、食文化など公汎なテーマを通じ「現在にうめこまれた過去」を明らかにした。

(11) *Ibid.*, p. 36. 邦訳、同書、四六頁。

(12) François Furet, *Penser la Révolution française*, Gallimard, 1978 ; 2e éd. revue, 1983. 邦訳『フランス革命を考える』大津真作訳、岩波書店、一九八九年。

(13) *Ibid.*, p. 39. 邦訳、同書、四九頁。

(14) アメリカの社会学者・経済学者・歴史学者イマニュエル・ウォーラステインらが提唱する、資本主義の今日的な問題を、国という単位を超えた「世界」という広範な領域でとらえる概念。Immanuel Wallerstein, *The Modern Word-System : Capitalist Agriculture and the Origins of the European World Economy in the Sixteenth Century*, 3 vol., New York, Academic Press, 1974-89. 邦訳『近代世界システム――農業資本主義と「ヨーロッパ世界経済」の成立』川北稔訳、岩波書店、一九八一年。

(15) François Furet, *op.cit.*, p. 39. 邦訳、前掲書、四三頁。

(16) Michel de Certeau, *L'Invention du quotidien*, tome I : *Arts de faire*, Gallimard, « Folio-Essais », 1980. 邦訳『日常的実践のポイエティーク』山田登世子訳、国文社、一九八七年。

(17) Claude Lévi-Strauss, « Introduction à l'œuvre de M. Mauss », *op. cit.*, p. XIX, XX. 邦訳、前掲書、一〇―一二頁。

人類学の場

（1） Marcel Mauss, *Sociologie et anthropologie*, *op.cit.*, p. 306. 邦訳、前掲書、三七頁。

（2） Louis Marin, « Le lieu du pouvoir à Versailles », in *La production des lieux exemplaires*, Les Dossiers des séminaires TTS, 1991, p. 89.〔原注〕

（3） Michel de Certeau, *op.cit.*, p. 175. 邦訳、前掲書、二四四頁。

（4） 吉田加南子『フランス詩のひととき　読んで聞く詞華集』白水社、二〇〇八年、三一頁。

（5） Jean-Pierre Vernant, *Mythe et pensée chez les Grecs*, Maspero, 1965. 邦訳『ギリシア人の神話と思想――歴史心理学研究』上村くにこほか訳、国文社、二〇一二年。

場所から非 - 場所へ

（1） Jean Starobinski, « Les cheminées et les clochers », *Magazine littéraire*, n° 280, septembre 1990, p. 26, 27.

（2） *Ibid*, p. 27.

（3） *Idem*.

（4） *Idem*.

（5） *Idem*.

（6） Charles Baudelaire, « Paysage », *Tableaux parisiens*, *Œuvres complètes*, tome I, Gallimard, « Bibliothèqe de la Pléiade », 1975, p. 82. 邦訳『ボードレール全詩集Ⅰ』阿部良雄訳、筑摩書房、一九九八年、一八八頁。

（7） Vincent Descombes, *Proust. Philosophie du roman*, Minuit, 1987. p. 173-193.

（8） Michel de Certeau, *op.cit.*, p. 173. 邦訳、前掲書、二四三頁。
（9） *Idem.* 同書、二四二頁。
（10） Maurice Merleau-Ponty, *Phénoménologie de la perception*, Gallimard, Paris, 1945（rééd. coll. « Tel »）. 邦訳『知覚の現象学』竹内芳郎ほか訳、みすず書房、一九六七年：中島盛夫訳、法政大学出版局、一九八二年。
（11） Michel de Certeau, *op.cit.*, p. 173. 邦訳、前掲書、二四二頁。
（12） *Ibid.*, p. 174. 同書、二四四頁。
（13） *Ibid.*, p. 179. 同書、二五〇頁。
（14） *Ibid.*, p. 177. 同書、二四七頁。
（15） *Ibid.*, p. 190. 同書、二六四頁。
（16） *Ibid.*, p. 164. 同書、二三二頁。
（17） *Ibid.*, p. 171. 同書、二四〇頁。
（18） *Ibid.*, p. 173. 同書、二四三頁。
（19） *Ibid.*, p. 158. 同書、二二四頁。
（20） *Ibid.*, p. 159. 同書、二二四頁。
（21） *Ibid.*, p. 156. 同書、二二一頁。
（22） *Idem.* 同書。
（23） レヴィ＝ストロース『悲しき熱帯』は「私は旅や探検家が嫌いだ」という書き出しで始まる。
（24） François-René de Chateaubriand, *Itinéraire de Paris à Jérusalem*, références faites à l'édition de 1964, Julliard.

〔原注〕

(25) 一八〇九年に出版された叙事詩。

(26) Chateaubriand, *Itinéraire de Paris à Jérusalem*, *op.cit.*, p. 19.〔原注〕

(27) *Ibid.*, p. 20.〔原注〕

(28) *Ibid.*, p. 153.〔原注〕

(29) *Ibid.*, p. 114.〔原注〕

(30) *Ibid.*, p. 331.〔原注〕

(31) Alphonse Dupront, *Du sacré. Croisades et pèlerinages, images et langages*, Gallimard, 1987, p. 31.〔原注〕

(32) Chateaubriand, *op.cit.*, p. 308.〔原注〕

(33) Jean Starobinski, « Les cheminées et les clochers », *op.cit.*, p. 26.

(34) Charles Baudelaire, « Paysage », *op. cit.* 邦訳、前掲書。

(35) ヴァルター・ベンヤミン『パサージュ論Ⅰ』今村仁司ほか訳、岩波書店、一九九三年、二六五―三〇四頁。

(36) Vincent Descombes, *op.cit.*, p. 179.

(37) Sylviane Agacinski, « Chefs-lieux », *Le Temps de la réflexion*, n° 8, Gallimard, 1987, p. 191-209.

(38) *Ibid.*, p. 204, 205.

(39) 一九八六年から一九九五年にかけて欧州共同体（ＥＣ）に属していた一二カ国を指す。ドイツ、ベルギー、フランス、イタリア、リュクサンブール公国、オランダ、デンマーク、アイルランド、イギリス、ギリシア、スペイン、ポルトガルのことで、欧州連合（ＥＵ）の母体となった。

エピローグ

（1）　David Lodge, *Small World*, Penguin Books, 1985. 邦訳『小さな世界——アカデミック・ロマンス』高儀進訳、白水社、一九八六年。〔原注〕

参考文献

Certeau (Michel de). *L'Invention du quotidien. 1. Arts de faire* (édition de 1990, Galliimard. « Folio-Essais »). 〔ミシェル・ド・セルトー『日常的実践のポイエティーク』山田登世子訳、国文社、一九八七年〕

Chateaubriand, *Itinéraire de Paris à Jérusalem* (références faites à l'édition de 1964, Julliard).

Descombes (Vincent), *Proust. philosophie du roman*, Editions de Minuit, 1987.

Dumont (Louis), *La Tarasque*, Gallimard, 1987.

Dupront (Alphonse), *Du sacré*, Gallimard, 1987.

Furet (François), *Penser la Révolution*, Gallimard, 1978. 〔フランソワ・フュレ『フランス革命を考える』大津真作訳、岩波書店、一九八九年〕

Hazard (Paul), *La Crise de la conscience européenne, 1680-1715*, Arthème Fayard, 1961. 〔ポール・アザール『ヨー

ロッパ精神の危機 1680-1715』野沢協訳、法政大学出版局、一九七三年〕

Mausse (Marcel), *Sociologie et anthropologie*, PUF, 1966.〔マルセル・モース『社会学と人類学Ⅰ』有地亨ほか訳、弘文堂、一九七三年。『社会学と人類学Ⅱ』有地亨ほか訳、弘文堂、一九七六年〕

Starobinski (Jean), « Les cheminées et les clochers », *Magazine littéraire*, n°280, septembre 1990.

L'Autre et le semblable. Regards sur l'ethnologie des sociétés contemporaines, textes rassemblés et introduits par Martine Segalen, Presse du CNRS, 1989.

訳者あとがき

本書は、Marc Augé, *Non-lieux. Introduction à une anthropologie de la surmodernité*, Seuil, 1992, coll. « La librairie du XXᵉ siècle » の全訳である。オジェの広範にわたる執筆活動のエッセンスを凝縮した感のある本書は、すでに英語、イタリア語、スペイン語、ドイツ語、ポルトガル語、トルコ語、セルビア・クロアチア語に翻訳されている。オジェの邦訳には、重要な理論書である『国家なき全体主義――権力とイデオロギーの基礎理論』（竹沢尚一郎訳、勁草書房、一九九五年）および『同時代世界の人類学』（森山巧訳、藤原書店、二〇〇二年）があり、両訳者による詳細な解説とともに紹介されてきた。著者の経歴も両訳書ですでに詳らかにされているが、オジェの著作群に占める本書の位置を確認するために、ここであらためて簡単に触れておきたい。

一九三五年ポワチエ生まれのマルク・オジェは、現代フランスを代表する人類学者・民族学者（注に記した通り、オジェはこの二つの言葉を、あるフィールドにおいてひとつの社会や集団を網羅的に研究する者が民族学者、より一般的に比較を用いながら理論をとりだそうとする者を人類学者というように使い分けている）のひとりである。ＥＨＥＳＳ（社会科学高等研究院）の研究指導教授であり、一九八五年から九五年までは院長を務めた。人類学誌『人間』（*L'Homme*）のオジェ特集号に寄せられたＪ＝Ｐ・コラン、Ｊ＝Ｐ・ドゾンの手になる紹介「マルク・オジェの場所と非－場所」（« Lieux et non-lieux de Marc Augé », *L'Homme*, n°185/186, 2008, p. 7-32）によれば、パリ高等師範学校在学中に古典文学で高等教育教授資格《アグレガシオン》を取得した若き日のオジェは、友人に誘われクロード・レヴィ＝ストロースの講義を聴講したことがきっかけで人類学に進路を定めたという。その後、ジョルジュ・バランディエのセミナーに参加し、兵役や高校における教職経験をはさんで、一九六五年にコートジボワールに渡り現地調査を始めた。その成果が二つの博士論文（第三課程博士号と国家博士号）に結実する（『アラディアン族の岸辺――アラディアン族の村々（コートジボワール）の構造と変化』*Le Rivage alladian. Organisation et évolution des villages alladians (Côte-d'Ivoire)*, Paris, Editions de l'OSTROM, 1969 ;『権力およびイデオロギー理論――コートジボワールの事例研究』*Théorie des pouvoir et idéologie. Étude de cas en Côte d'Ivoire*, Paris, Hermann, 1975)。このようにオジェは遠くの場所に赴き、「よそ」を研究する民族学者としてキャリアをスタートさせた。アイデンティティを与え、関係を育み、歴史をそなえた「人類学の場」に密着した仕事を土台に、やがて理論書を著すようになり、その最初の一冊が先にあげた『国家なき全体主義』である。やがてオジェの研究対象となる「人類学の場」は西アフリカから「身の回り」に移っていく。リュクサンブール公園へ（『リュクサンブール公園を行く――風俗・理論・幸福という観点から考えたフランス人の一日をめぐるエスノロマン』*La Traversée du Luxembourg. Ethno-roman d'une journée française considérée sous l'angle des mœurs, de la théorie et du bonheur*, Paris, Hachette, 1985）、パリのメトロへ（『メトロの民族学者』*Un ethnologue dans le métro*, Paris, Hachette, 1986. 水声社より近刊）。このような流れのなかにあって、一九九二年に発表されたのが本書である。

本書の目指すところは、現代社会における人類学の仕事を、専門家の世界にとどまらず広く一般読者に伝えることではないだろうか。そのための工夫は、全体の構成にほどこされている。「プロローグ」で読者はまず「ピエール・デュポン」なる人物が、いかにしてとある日曜日にアジア出張に出発し、飛行機に搭乗するまで何をみて、何を感じたのかを知らされるのである。そして最初の章「身近な場所とよその場所」において、モースやレヴィ＝ストロースといった先達を参照し、フロイトやセルトーと対話し、同時代の人類学の動向を批判的にふまえながら、時代の変容と向き合う人類学の姿を明らかにする。つづく「人類学の場」では変化する時代のなかで、変わらぬもの、あるいは変化が進行するゆえにこそ希求されるものが何かを示す。最後に「場所から非‐場所へ」で登場するのはシャトーブリアンやボードレールである。近代の芸術家のまなざしが、現代を生きる私たちの運命を先取りしている。

オジェにとって問題は、その関心を「身近な場所」に寄せたことではなかった。人類学の営みが他者を対象とし、ある特定の文脈におかれた関係を、そして象徴体系を明らかにするものであるとすれば、二〇世紀末に人類学者につきつけられたのは、その関係の構成要素そのものがこうむる未知の変容であった。すなわち時間と空間の変化である。この未曾有の事態はしかし、日々そこを生きる者にとってはことあげされることもなく日常として埋もれていくが、その「あたりまえ」を暴くべく、未知の世界へと人類学はひきつけられる。ただしそこには新たな物差しをもって臨まなければならない。三つの過剰（出来事の過剰、空間の過剰、準拠枠の個人化）によって変容した、私たちが生きるこの時は、「近代《モダニティ》」ではなく「スーパーモダニティ」という尺度ではかられる。そして人類学がスーパーモダニティに向き合うとき、出会う空間は、「人類学の場」ではなく「非‐場所」なのである。

「人類学の場」は社会の構造を、その複雑な構成を、意味を読みとらせてくれる場所である。住居や祭壇や広場のように、歴史をそなえ、アイデンティティを構築し、関係をうむ場所だ。その意味でスーパーモダニティに登場する空間は、「場所」ではない。空港に代表される交通の空間、大規模スーパーマーケットのような消費の空間、そしてテレビに顕著なコミュニケーションの空間は、孤独の場なのである。しかしこの区分を描くには困難もともなう。「場所」と「非‐場所」とは、場合によっては切り分けられない。そこで働く人にとっては空港もスーパーも関係の場に他ならないだろう。その一方で、私たちの日々をふりかえれば誰しも「非‐場所」の経験に思いあたる。

誰もが孤独で誰もが似通った場所、しかしオジェの描くそれに悲愴感はなく、アイデンティティという重圧から解放されたかすかな喜びや、未知なるものへの期待すら漂わせている。そこを通る者も観察者も、あなたも私もその一部になる、という点では連帯という言葉さえ浮かんでくるのである。本書のはじめと終わりを飾るピエール・デュポン氏の飛行機の旅は、デュポン氏の出張というごく個人的な状況であり、彼の感想を通じてデュポン氏の頭のなかを垣間見ることができるわけだが、それらは二一世紀を生きる私たちにとっても、馴染み深い経験ではないだろうか。

以上に簡単に要約を試みた本書の内容は、先述した『同時代世界の人類学』でさらに具体的に展開される。『同時代世界の人類学』をオジェは「マニフェスト」と銘うっているが、本書にはそのマニフェストの骨子があるといっていい。そして「身の回り」に対する民族学者の関心も、自転車（『自転車礼賛』*Éloge de la bicyclette*, Paris, Payot & Rivages, 2008）やビストロ（『パリのビストロ礼賛』*Éloge du bistrot parisien*, Paris, Payot & Rivages, 2015）と題材を変えながら衰えをみせない。さらに二〇〇五年には小説を上梓し、肩書きに「作家」が加わったオジェだが、本書におけるピエール・デュポン氏の造形は、やがて「エスノフィクション」の名の下に発表されたフィクション作品（『あるホームレスの日記——エスノフィクション』*Journal d'un SDF. Ethnofiction*, Paris, Seuil, 2011）に発展していく。レヴィ＝ストロースがモースの「全体的社会事実」にみた、個人の主観性全体を統合する概念とは反対に、個人の物語から社会の全体を読者に想像してもらう趣向であるという。

したがってこの一冊は、オジェの来し方行く末が刻まれた標石のような存在といえるのではないだろうか。本書の出版後も加速する時間にあって、ここに示された信念に大きな変化はないようだ。二〇一〇年レンヌで行われた講演「人類学はいま」（« L'anthropologie aujourd'hui »）において（https://www.espace-sciences.org/conferences/mardis-de-l-espace-des-sciences/l-anthropologie-aujourd-hui より視聴可能）、「非－場所」にふれながら「あたりまえのもの」の正体をあらわにさせる人類学の役割を述べている（旅と執筆を愛する民族学者の素顔をのぞかせながら、自らの「楽観的な性質」に言及している点も興味深い）。二〇一七年現在の最新著作『地球人の未来――地球社会としての人類に至るまでの歴史の終わり』（*L'avenir des terriens. Fin de la préhistoire de l'humanité comme société planétaire*, Paris, Albin Michel, 2017）では「非－場所」について以下のように述べている。

今日、非‐場所はありとあらゆる場所の背景である。何よりもまず地球規模への移行を示す「グローバリゼーション」という言葉が暗に意味しているのはこのことだ。現代の危機は一面からすると、場所が必要であるということと、明らかに新たな背景がうまれているということとの間の緊張によるものである。（……）多様性のあるかつての場所から、その可能性が形をとりつつある地球規模の場所へと移行する道はいまだ長くて険しいものだろう。しかし地球規模の場所は、苦痛と矛盾のなかにも、おのが文化と倫理とを見いだすに違いない。これからは非‐場所がありとあらゆる場所の背景となるのだ。

（四五―四六頁）

スケールが変化し「地球人」の生きる場が問題になる現代は、コミュニケーション空間にインターネットが登場し、孤独も様相を変えていく。「二一世紀は人類学の時代である」というオジェの予言通り、私たちの「いま・ここ」は新しいまなざしに開かれている。

＊

本邦訳は、今回オジェの『メトロの民族学者』を翻訳する同僚の福田桃子氏が、訳者を水声社の井戸亮氏にご紹介くださったことがきっかけで、訳者の担当するところとなった。至らぬ点はすべて訳者に責任があるが、邦訳が世に出るのは、ひとえに井戸氏の情熱によるものである。ここに記して感謝する。

二〇一七年九月

中川真知子

著者／訳者について――

マルク・オジェ（Marc Augé）　一九三五年、ポワチエに生まれる。人類学者。ＥＨＥＳＳにて指導教授を務める（一九八五年から九五年まで院長）。現代社会について人類学的手法から分析を試みている。主な著書に、『権力およびイデオロギー理論』（Hermann, 1975）、『リュクサンブール公園を行く』（Hachette, 1985）、『国家なき全体主義』（邦訳、勁草書房、一九九五年）、『同時代世界の人類学』（邦訳、藤原書店、二〇〇二年）、『メトロの民族学者』（水声社、近刊）などがある。

＊

中川真知子（なかがわまちこ）　一九八二年、東京に生まれる。パリ第三大学博士課程修了。現在、慶應義塾大学専任講師。専攻、二〇世紀フランス文学・思想。主な論文に、*La stratégie langagière de la fiction dans l'œuvre de Georges Bataille. Entre genèse et établissement du texte*（thèse de doctorat, 2014）。翻訳に、『日仏翻訳交流の過去と未来』（部分訳、大修館書店、二〇一四年）などがある。

非－場所　スーパーモダニティの人類学に向けて

二〇一七年一一月二〇日第一版第一刷印刷　二〇二三年七月一〇日第一版第二刷発行

著者――マルク・オジェ

訳者――中川真知子

装幀者――宗利淳一

発行者――鈴木宏

発行所――株式会社水声社

東京都文京区小石川二―七―五　郵便番号一一二―〇〇〇二

電話〇三―三八一八―六〇四〇　FAX〇三―三八一八―二四三七

［**編集部**］横浜市港北区新吉田東一―七七―一七　郵便番号二二三―〇〇五八

電話〇四五―七一七―五三五六　FAX〇四五―七一七―五三五七

郵便振替〇〇一八〇―四―六五四一〇〇

URL : http://www.suiseisha.net

印刷・製本――ディグ

ISBN978-4-8010-0287-6

乱丁・落丁本はお取り替えいたします。

Marc AUGÉ : "NON-LIEUX : Introduction à une anthropologie de la surmodernité" © Éditions du Seuil, 1992.

Collection *La Librairie du XXIe siècle*, sous la direction de Maurice Olender.

This book is published in Japan by arrangement with Éditions du Seuil, through le Bureau des Copyrights Français, Tokyo.